EUGÈNE CARRIÈRE

L'HOMME ET L'ARTISTE

GABRIEL SÉAILLES

Eugène Carrière

L'HOMME ET L'ARTISTE

Compositions et croquis de E. Carrière

GRAVÉS PAR MATHIEU

PARIS

ÉDOUARD PELLETAN, ÉDITEUR

125, Boulevard Saint-Germain, 125

1901

EUGÈNE CARRIÈRE

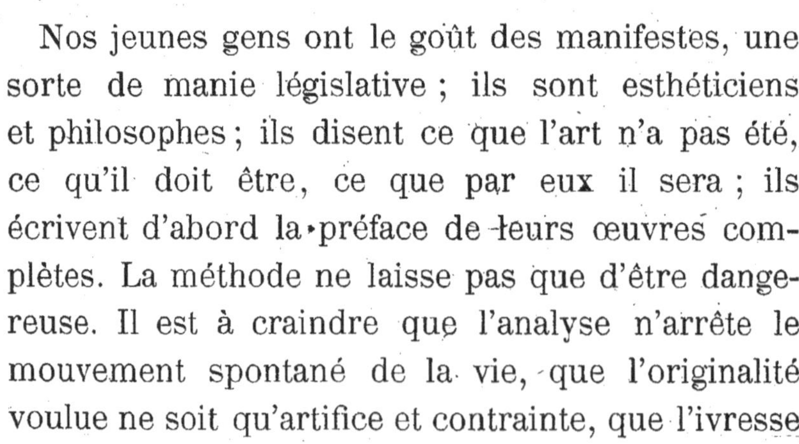

Nos jeunes gens ont le goût des manifestes, une
sorte de manie législative ; ils sont esthéticiens
et philosophes ; ils disent ce que l'art n'a pas été,
ce qu'il doit être, ce que par eux il sera ; ils
écrivent d'abord la préface de leurs œuvres com-
plètes. La méthode ne laisse pas que d'être dange-
reuse. Il est à craindre que l'analyse n'arrête le
mouvement spontané de la vie, que l'originalité
voulue ne soit qu'artifice et contrainte, que l'ivresse

anticipée des chefs-d'œuvre qu'on n'a point faits n'enlève le courage du lent effort par lequel on s'achemine vers ceux qu'on pourrait faire.

Eugène Carrière est un véritable artiste : sa nature dépasse sa réflexion. Il ne s'est pas emprisonné d'abord dans des formules, il a respecté son ignorance de lui-même : c'est en agissant qu'il a appris à se connaître. Il est entré dans la vie avec ce sentiment d'horreur sacrée qu'éprouvaient les premiers hommes en pénétrant dans les forêts inviolées qu'habitait la majesté des dieux. C'est dans la vie même, dans l'effort pour la vivre tout entière, sans en rien sacrifier, qu'il a cherché la révélation de lui-même. « A l'école, les camarades ne parlaient jamais que de soulever des montagnes, je leur répondais que les montagnes sont faites de grains de sable. » Nul plus que lui peut-être n'a été entouré de littérateurs, d'esthéticiens ; ils ont disserté tout à leur aise ; il les a laissés dire avec complaisance et distraction ; il a poursuivi sans hâte le labeur continu qui peu à peu met l'artiste dans son œuvre. Le grand intérêt de la vie de Carrière est dans cette sincérité, dans ce refus à tout mensonge, dans cette patiente découverte de soi, dans cette volonté de ne rien fausser, d'être réellement l'homme qu'il est.

« Il faut que l'homme consente à la vie » : être artiste, c'est vivre avec le respect et l'inquiétude

des forces inconnues que le travail seul manifeste,
quand l'heure en est venue. L'art, pour Carrière,
n'est pas un métier qui nourrit ou enrichit son
homme, dont on se distrait par le plaisir ; son art
est mêlé à sa vie jusqu'à ne s'en pas distinguer ; il
est le langage de ses douleurs et de ses joies, sa
pensée de tous les instants, sa morale et sa religion, l'action intime, l'expérience positive qui lui a
révélé tout ce qu'il sait. Carrière n'est pas un être
divisé qui s'oppose à lui-même : son travail est un
acquiescement à sa nature ; sa réflexion n'altère pas
ses sentiments, elle en naît, elle les approfondit ;
son vouloir tenace n'est que la claire conscience
de sa vraie destinée ; son talent ne se distingue pas
de sa vie morale, il en est la forme nécessaire ; son
œuvre d'artiste est son œuvre d'homme, il se fait
en même temps qu'elle et par elle. Ceux qui s'imaginent qu'il cherche à les étonner, « qu'il le fait
exprès », « qu'il ne voit pas comme ça », se
trompent ; il n'a point tant de malice, il peint
comme il voit et comme il pense, il ne se soucie
pas d'être « différent », il est original tout simple-
ment parce qu'il est lui-même.

I

Il est des vies qui ressemblent à des romans d'aventures, elles excitent l'attente, elles amusent la curiosité, elles intéressent par les faits mêmes qui en constituent la trame. La vraie vie d'un artiste est sa vie intérieure, elle est moins dans les événements que dans les pensées, les sentiments dont ils ont été l'occasion.

La vie d'Eugène Carrière nous intéresse parce qu'elle trahit de son esprit et de son caractère, par ce qui la rattache à son art et contribue à nous en donner l'intelligence. Regardée du dehors, je n'en sais pas de plus simple, de plus banale, mais elle prend par là même quelque chose de général et d'humain; elle nous présente l'exemple d'un homme qui, sans à coup, sans rien brusquer, entre en possession de lui-même; elle enseigne aux gens pressés ce que donne de courage dans la lutte, de force pour la soutenir, de sérénité dans les épreuves inévitables, la fidélité inviolable à l'idéal supérieur qui libère ses serviteurs de toutes les autres servitudes.

Le sixième enfant d'une famille qui en compta sept (*), j'imagine qu'il fut accueilli à son entrée dans le monde avec plus de résignation que d'enthousiasme, mais il ne s'est point lassé de nous dire — ce qu'il sait bien sans doute — que la tendresse des mères est infinie. Fille d'un médecin de campagne d'Alsace, sa mère était la femme simple qui ne discute ni le devoir, ni la vie, l'être de dévouement obstiné qui ne songe qu'aux autres et ne regarde la tâche qu'après qu'elle est accomplie. Il lui doit son esprit sérieux, réfléchi, son sens du devoir, son acceptation tranquille de la destinée, le courage des dures besognes qui s'imposent et que relève la dignité dont elles sont la sauvegarde. Carrière ne fut pas un enfant prodige, il n'accomplit rien d'extraordinaire dans son berceau, et, comme le sort ne lui avait réservé aucune faveur, comme il devait tout attendre de sa propre volonté, les diseurs de bonne aventure n'eurent rien à lui prédire. Durant les longues années de la première enfance, il fut l'être obscur, silencieux, qu'il a si souvent peint, d'abord le petit animal qui sourit ou s'effare, à peine détaché du sein qui le nourrit et l'abrite ; puis le garçon grandi, déjà fort, qui se reconnaît, se sépare, découvre le monde, tour à tour étonné, inquiet ou ravi. Le père, souvent

(*) Carrière a bien voulu me donner quelques renseignements que j'utilise ; **nos conversations ont fourni le reste.**

absent, en route pour ses affaires, les heures coulaient lentement auprès de la mère dans la maison silencieuse.

Appelé à l'existence active, au labeur précoce, Carrière recevait une instruction modeste, toute pratique ; aucun maître ne devançait pour lui l'expérience, il n'était point initié à la beauté par la poésie, il ignorait ce qu'est l'art ou même qu'il existât ; il était condamné à savoir seulement ce qu'il apprendrait lui-même, ce qu'il découvrirait peu à peu du présent et du passé par une sorte de croissance spontanée, en amplifiant sa vie, en reliant son propre effort à l'effort antérieur des autres hommes. L'existence dure qu'on menait autour de lui et dont il partageait les vicissitudes était sa première éducation : témoin des soucis, des inquiétudes, du perpétuel recommencement de la lutte, il faisait, sans y songer, l'apprentissage de la patience, du courage, des solides vertus sur lesquelles une vie pose sans chanceler.

Mais dans l'enfant sérieux, dont l'originalité ne se trahissait guère que par la lenteur et la timidité, sommeillaient les germes du talent qui allait décider de sa destinée. Son grand-père était peintre ; son grand-oncle paternel était professeur de dessin au lycée de Douai, il faisait correctement, avec une habileté scrupuleuse, des portraits, aquarelles et pastels, dont j'ai vu quelques-uns jadis, images aujourd'hui pâlies, à demi-effacées de mon souvenir (*). C'est une pauvre philosophie que celle du succès : notre effort peut-être se continuera, s'achèvera par un effort plus heureux que nous aurons rendu possible. De braves gens, par un obscur labeur, préparent le mécanisme que les lois mystérieuses de l'hérédité transmettront à celui qui fera leur nom inoubliable. Tout petit, Carrière aimait les images, éprouvait un obscur besoin de les reproduire, les sentait comme descendre de son cerveau dans ses doigts, et s'attardait à ce jeu que ses difficultés faisaient plus passionnant. A douze ans, il dessinait déjà tout seul, sans y voir de mystère, sans y mettre de vanité, pour son plaisir, pour obéir à l'instinct qui, sans qu'il le soupçonnât, marquait l'orientation de sa vie. Carrière a le respect de la nature, de ses libres mouvements, il veut que le grain lève et mûrisse à son heure, mais, s'il ne précipite rien, dès qu'il a pris conscience d'une tendance en lui, il y applique la volonté la plus constante. Il y avait une académie à Strasbourg, il en suivit les cours, sans but précis, parce qu'il était naturellement où on dessinait. Élève assidu, bien doué, travaillant l'ornement, la bosse, le modèle vivant, avec un zèle où se trahissaient sa passion et son entêtement, chaque année il rem

(*) On me cite aussi une bonne copie du *Fauconnier* de Th. Couture.

portait tous les prix. N'attachant à ses succès aucune importance, sa famille les ignorait.

Le père avait le légitime souci de voir les enfants se suffire à eux-mêmes le plus promptement possible ; les leçons de dessin et les pastels de famille ne lui avaient pas laissé de la profession d'artiste un souvenir qui la lui fît envier pour l'un de ses enfants, il n'admettait pas même l'idée d'une telle fantaisie, et il s'occupait de trouver au garçon déjà grand un métier qui d'ores et déjà nourrît son homme : ce n'est ni Carrière ni moi qui l'en blâmerons.

A dix-neuf ans, Carrière quittait Strasbourg pour Saint-Quentin, ville manufacturière où, sans doute, il devait trouver un métier en rapport avec ses goûts et ses dispositions naturelles. J'ignore ce qu'il en advint. Son séjour à Saint-Quentin toutefois ne fut point perdu : une sorte d'instinct, servi par une volonté tenace, le conduisait sûrement vers la vie qui devait être la sienne. Il y fit une découverte qui marque un moment du lent progrès par lequel il s'élevait à la conscience de lui-même. A Strasbourg il avait dessiné ; ses albums montrent avec quelle patience, avec quel scrupule il avait, d'un crayon bien effilé, parfait ses chefs-d'œuvre d'écolier ; mais il avait ignoré l'art, il n'avait pas soupçonné la peinture, ce langage de l'émotion par la ligne, la forme, la couleur; il n'avait pas même su voir dans l'église Saint-Pierre les chefs-d'œuvre de Martin Schongauer, le maître charmant de Colmar. A Saint-Quentin, dans les salles solitaires du musée, il trouva l'œuvre de Latour, des pastels achevés, des « préparations » plus précieuses encore, par ce qu'elles révélaient de la vision de l'artiste, de l'acuité de son observation, de la certitude, de la décision avec lesquelles il ramenait la nature complexe et fuyante à une idée claire. Il y avait là des philosophes et des financiers, des grands seigneurs et des danseuses, J.-J. Rousseau, Maurice de Saxe, la Favart et la Camargo, des inconnus qui bientôt n'étaient plus des étrangers pour lui. Carrière se mit à l'école de Latour, il donna tous ses loisirs à la copie de ces pastels, à l'étude de cet art fait d'analyse et de vie; il apprit de ce maître ardent et réfléchi qu'une tête est définie d'abord par son ossature, qu'il faut la construire avant de l'animer, que la physionomie n'est que grimace, isolée du caractère permanent qu'elle modifie.

A quelque temps de là, un court séjour à Paris lui donna l'occasion de visiter le musée du Louvre. Jusqu'à cette heure, il avait dessiné sans plan arrêté, par instinct, parce qu'il y avait en lui une sorte de mécanisme préformé qui liait l'image au mouvement et dont le jeu l'amusait. En sortant du Louvre, il avait fait un pas décisif dans la découverte de lui-même, il avait compris ce qu'il pressentait, trouvé ce que depuis son enfance il cherchait obscurément. C'est devant les toiles de Rubens qu'au choc d'une émotion soudaine avait jailli en lui la résolution d'être peintre : l'admiration est surprise, étonnement autant que sympathie. Cette décision, à dire vrai, n'était que le terme d'un long travail antérieur : selon la loi de sa nature, l'idée lentement mûrie, éclose à son heure, s'achevait en une volonté que rien ne devait plus ébranler.

En dépit de l'opposition paternelle, il quitta Saint-Quentin et vint s'installer à Paris. Sans trembler, il entrait dans la ville redoutable, il affrontait la grande solitude que fait à l'inconnu l'indifférence de la foule ; il n'avait à compter sur personne, il n'avait ni argent, ni relations, pas même la sympathie lointaine des siens, dont l'hostilité achevait son abandon. Il ne perdit pas son temps à se plaindre ; il ne joua ni au héros, ni au génie méconnu ; comme tous les hommes d'action, qui prennent l'initiative d'eux-mêmes, il avait le courage des commencements. Il avait prévu la misère, il avait horreur de la bohème, de la vie sans dignité, faite d'excès et de privations, où la volonté s'affaiblit et s'énerve. Le problème était de vivre et de trouver le temps de l'effort désintéressé qu'exige l'apprentissage de l'art ; il le résolut par le travail. Il mit à profit les études qu'il avait faites à l'académie de Strasbourg, il était homme de ressource, il se fit dessinateur, il ne trouva aucune besogne indigne de lui, il prit sur ses nuits, il vécut. Tout en gagnant le pain de chaque jour, il trouvait le temps de suivre les cours de l'École des Beaux-Arts.

Sur ces entrefaites, la guerre éclata. Après les premières défaites, il partait pour Strasbourg, il voulait rejoindre ses parents, prendre sa part des épreuves communes. Strasbourg déjà était investie par les Prussiens ; il s'engagea pour la durée de la guerre et rallia la garnison de Neuf-Brisach. La place écrasée d'obus, bientôt capitulait et il était interné en Saxe, dans la ville de Dresde. Aux souffrances de la captivité, il opposa son courage tranquille d'homme qui n'aime pas les gestes inutiles, il se ramassa et subit ce qu'il fallait subir. Un soir, chez Alphonse Daudet, il évoquait ces souvenirs lointains : pour toute nourriture dans les premiers temps, la soupe au millet ; les camarades et lui en blouse bleue, en sabots, « tout semblables aux facteurs ruraux l'été, — et cela pendant qu'il gelait à pierre fendre », et il concluait qu'au fond les prisonniers n'avaient pas eu à se plaindre des Allemands.

— Alors, on a été très aimable avec vous, lui dit ironiquement une dame qui attendait sans doute des plaintes de cet homme qui ne se plaint pas.

— Oh! madame, on n'est pas aimable avec vingt-cinq mille hommes. *(Journal de Goncourt.)*

Carrière trouvait là-bas, paraît-il, le temps de travailler : j'ai pu voir un dessin, assez banal d'ailleurs, une composition centrale entre deux épisodes de la guerre de Vendée, qui porte cette suscription : « Frontispice d'un futur ouvrage d'un futur écrivain qui partage ma captivité, décembre 1870 (*). » Un hasard lui permit de visiter l'admirable musée de Dresde, mais trop vite : de tant de chefs-d'œuvre, dont les Rembrandt que l'on sait, il n'emportait qu'une image, celle de la madone de Saint-Sixte, que le génie de Raphaël, par le balancement de deux lignes, enlève d'un si noble élan.

La guerre avait reculé bien des choses dans le passé. Les longs mois de captivité écoulés, Carrière regagnait Strasbourg, y recevait bon accueil et, après avoir pris quelque repos auprès des siens, revenait à Paris mener la dure vie qu'il avait choisie. Élève de l'École des Beaux-Arts, il appartenait à l'atelier de Cabanel, qui semble avoir eu le rare mérite d'aimer l'originalité chez les autres et de ne pas porter atteinte à celle de ses élèves. Carrière

(*) Les vieux papiers ont leur destin. On vendait l'atelier d'un pauvre garçon, mort à la peine. Un encadreur, parmi ses acquisitions faites un peu au hasard, découvrit tout un lot de projets, de dessins, qui portaient le nom d'Eugène Carrière ; il le donna à M. Pontremoli, pour lequel il avait encadré des toiles signées de ce nom. J'ai trouvé là des documents précieux, non seulement sur les besognes que Carrière accepta pour vivre, mais sur la souplesse de talent, sur la variété d'aptitudes qui le rendirent propre à les remplir.

n'était pas à l'École un révolté, un rapin superbe trouvant dans la conscience de son génie le dédain de la technique et des professeurs chargés de lui en transmettre la tradition. Élevé dans le respect des hommes officiels, dont la boutonnière fleurit, dont l'habit verdit, il se pliait à la discipline avec une parfaite bonne foi, il apportait aux exercices de l'École sa forte volonté et son sentiment du devoir. « Cette éducation me paraissait une chose sacrée devant me mener à un but que je n'apercevais pas, mais qui me semblait fatalement supérieur. » Il est tenté de croire aujourd'hui « qu'il a perdu beaucoup de temps dans cette maison », jugement qu'il corrige par l'aveu « que, tant que l'homme n'a pas pris conscience de lui-même, il ne peut faire que des choses neutres ». Maintenons pour le principe qu'il est bon que l'artiste commence par le commencement, qu'ici ou là il apprenne son métier et devienne le bon compagnon qu'avant tout il doit être.

En 1879, Carrière montait en loge, et il était classé le premier pour l'esquisse; mais son succès s'arrêtait là, et il quittait l'École comme il y était entré.

La même année, il exposait un portrait de sa mère, d'une facture un peu lourde, avec des sécheresses, des ombres dures, mais d'une sincérité touchante qui montre de quel œil attentif il regardait la nature, avec quel scrupule il se laissait guider par elle, et aussi ce que déjà il savait exprimer de la vie intérieure.

II

Six années s'étaient écoulées, il n'était pas plus avancé qu'au jour déjà lointain où il débarquait audacieusement à Paris ; il était aussi inconnu, il n'avait pas plus de relations ni de ressources, il lui fallait comme alors gagner le pain qui permettait à l'artiste de vivre. Il restait debout, portant allègrement le poids de ce double labeur ; la vie ne lui faisait pas peur, il en abordait les difficultés l'une après l'autre, il triomphait de l'heure présente sans s'effrayer de l'avenir : à chaque jour suffit sa peine.

En 1877, avec la vaillance tranquille de l'homme qui a des réserves de courage, et « qui consent à la vie », il associait à sa rude destinée la femme, dont l'image est si intimement mêlée à son art, si inséparable de sa pensée, qu'il semble qu'elle en soit née ou que, lui ayant été accordée par je ne sais quelle harmonie préétablie, il n'ait eu qu'à la reconnaître pour la choisir.

Après son mariage, une chimérique espérance le conduisit à Londres. Il ne connaissait personne, il ignorait la langue ; il arrivait là avec l'impuissance à se défendre d'un sourd-muet. C'était tenter le sort : la misère vint, et il n'était plus seul. Il ne s'abandonna pas ; comme toujours il se ramassa pour la résistance, et là même, dans cette ville sans limites, « où le silence des foules lui donnait un sentiment d'effroi », il fit le miracle de vivre.

« Dans sa débine, contait-il à de Goncourt (*), il s'était avisé de faire quelques dessins de femmes et d'amours — des réminiscences de l'École des Beaux-Arts — et les avait portés dans la semaine qui précédait Noël à un journal illustré. Les dessins avaient plu au directeur qui lui en avait demandé deux, et le lendemain, avec les quelques livres qu'il recevait, il courait de suite à une taverne mettre un peu de viande dans son estomac. Le directeur s'éprenait de lui et l'invitait quelquefois à dîner, et le retenait à causer, à regarder des images et des bibelots, si bien que tout à coup, ses yeux tombant sur la pendule, il s'écriait :

— Ah ! vraiment, je vous ai fait rester trop tard, vous ne trouverez plus d'omnibus.

Et l'Anglais demeurait au diable de Crystal-Palace, près duquel gîtait Carrière, qui répondait imperturbablement :

— Oh ! je prendrai un cab à la petite place de voitures qui est à côté.

(*) *Journal,* IX, 43.

Et il revenait à pied et rentrait chez lui, tant c'était loin, à quatre heures du matin.

— Ce qui m'a sauvé, jette-t-il en manière de péroraison, c'est qu'il y avait chez moi, dans ma jeunesse, beaucoup d'animalité, de force animale. »

Carrière a raison, mais de cette force animale, le tout est de faire la matière d'une énergie vraiment humaine.

Voici en quels termes il résume ses souvenirs de Londres :

— « De 1877 à 1878, j'avais passé six mois à Londres ; sans relations, je m'étais tiré d'affaire ; j'avais dépensé une énergie excessive ; toujours vivant seul, je passais mon temps à travailler et à penser ; il me restait Turner dans l'esprit. »

De retour à Paris, « la vie et moi, nous reprenions notre cours, l'une dure, l'autre obstiné ». Installé dans une petite maison de banlieue, à Vaugirard, il travaillait tout le jour et bien souvent une partie de la nuit. Dans les vieux papiers, auxquels j'ai fait allusion déjà, j'ai retrouvé les témoignages de ce labeur acharné, des vignettes, des illustrations, des réclames pour le magasin du Printemps, des menus, des dessins de mobilier ou d'architecture, parfois une composition ingénieuse ; dès que l'enfant apparaît, quelque chose d'original et d'ému. A ceux qui seraient tentés de le plaindre, Carrière répondrait sans doute, comme Turner, qui avait connu les mêmes épreuves : « Je ne me plains pas, c'était un excellent exercice. » Son travail de peintre était son loisir ; « dans cette existence de forçat », il n'oubliait pas ce qui d'abord la lui avait fait affronter : il avait achevé pour le Salon un tableau, une *Jeune mère allaitant son enfant*. En-fermé chez lui, sans distraction, sans « modèle » possible, Carrière était amené à voir les choses passionnantes que tant d'autres ne songent pas à regarder, sa femme, son enfant, leurs gestes de tendresse, leur émoi charmant, et dans le cercle étroit, où tenait tout ce qu'il aimait, il découvrait un monde que tous croyaient connaître et dont il appor-tait comme une expérience nouvelle. Le tableau, auquel étaient confiées de si chères espérances, fut relégué dans des hauteurs où il était invisible. Bien des yeux se levèrent vers lui, personne ne le vit : il était placé au-dessus d'un grand portrait qui valut à son auteur la médaille d'honneur, « une partie se perdait dans le vélum et l'autre servait de tache sobre au coloriste Duran (*). » Le tableau voyagea, on le vit en diverses villes de France ; enfin en 1883, il obtenait une médaille de vermeil à l'Exposition d'Avignon, et il était acheté huit cents

(*) Il semble que quelqu'un ait su voir ce tableau invisible. M. Roger Marx m'écrit : « Il y a des œuvres exquises dès le début, et la *Jeune mère* du Salon de 1879, qui a fait de moi un Carriériste impénitent, contient en germe toutes les « maternités » plus tard admirées. »

francs pour le musée de cette ville aimable, qui possède quelques œuvres de premier ordre.

Si Carrière ne perdait pas courage, c'est qu'il était soutenu par la joie, par l'espèce d'ivresse, qu'il trouvait dans le travail même, c'est aussi qu'il se sentait grandir, que, sans avoir besoin du témoignage des autres, il avait conscience du progrès continu qui l'approchait lentement du but vers lequel, dès l'enfance, avant même de s'en rendre compte, il avait tendu. Peu à peu il arrivait à savoir ce qu'il voulait, il découvrait sa langue dans sa pensée, dans son besoin de l'exprimer sans altération ni surcharge. En 1884, il exposait un *Portrait d'enfant* avec un chien : son tableau était vu et lui méritait enfin une mention honorable. C'était bien peu, mais son long effort silencieux l'avait préparé aux œuvres décisives qui allaient forcer l'attention des artistes et, en dépit des étonnements et des résistances, imposer son nom à l'indifférence du public. Il me suffit désormais d'insister sur mes souvenirs, pour évoquer l'image de ces œuvres à la place même où je les vis pour la première fois, quand, dans la foule des choses mortes, elles m'arrêtèrent surpris d'abord, non sans inquiétude, puis convaincu, pénétré de l'émotion qui les avait créées. En 1885, l'*Enfant malade*, applaudi par les uns, contesté par les autres, remarqué, critiqué par tous, obtenait une médaille et, non sans difficulté d'ailleurs, était acquis par l'État pour la somme de dix-huit cents francs. Carrière était presque joyeux, il avait travaillé de longs mois sur cette grande toile, mais il sortait enfin du silence et de la solitude, il avait eu du succès, il se voyait libéré des tâches ingrates qui lui volaient son temps ; « un créancier cruellement idiot me prit la somme presque tout entière en paiement d'une dette que j'avais follement contractée pour un autre ».

Il rechargea le fardeau sur sa vigoureuse épaule, et, comme le bon ouvrier, qui d'un coup de reins l'ajuste au mieux de l'effort, il se remit en marche. L'année suivante, il donnait, avec un portrait de jeune homme, le *Premier voile,* vaste toile qui rassurait les amis inconnus qu'avait faits au peintre l'*Enfant malade,* et qui justifiait le style de l'artiste de manière irrécusable, par un chef-d'œuvre. Mais, pour mener à bien cette entreprise, il avait fallu du courage encore, des privations pour tous, la patience héroïque de la mère, dont le visage grave et charmant dans le tableau même, disait assez les longues attentes, la lassitude commencée. Cette toile de grande dimension ne pouvait être achetée que par l'État : un tel effort valait bien un encouragement. Ce chef-d'œuvre, après de longues instances, fut acquis pour la modeste somme de douze cents francs, et quand l'artiste se présenta pour la toucher, on lui apprit qu'elle lui était allouée sur la caisse des secours et qu'il la recevrait par fragments de cent cinquante francs tous les trois mois. « Il toucha ces acomptes avec de pauvres vieilles qui venaient chercher leur aumône de l'État. » Carrière n'était pas homme, d'ailleurs, à rougir d'être confondu avec les pauvres gens : il les connaît, il les aime ; il a vécu de leur vie, et, pour avoir depuis vu les riches, il n'est pas tenté de leur être infidèle.

Cependant les faits, qu'avait posés son énergique vouloir, amenaient leurs conséquences. Parce qu'il ne les avait pas subies, les lois des choses conspiraient à ses desseins ; il était plus avancé qu'il ne le croyait lui-même. Des amis venaient à ce solitaire : Roger Marx, qui avait su voir la *Jeune mère* de 1879, qui le premier avait cherché l'artiste inconnu pour lui dire sa sympathie et l'avait publiquement défendu ; Maurice Hamel, le lettré délicat, qui à l'appui de son talent ajoutait le reconfort d'une amitié fraternelle ; Jean Dolent, « l'amoureux d'art » ; Galimard, l'amateur éclairé ; Gustave Geffroy, qui, pour sentir le rapport de l'art à la vie nationale, apporte à la critique, avec sa rhétorique ardente, une sorte de passion politique ; le peintre Benjamin Constant qui, dès l'apparition de l'*Enfant malade,* sans souci des rivalités serviles, avait pris en main la cause du nouveau venu avec un enthousiasme, qui ne témoignait pas moins sa générosité que son intelligence artistique. En 1887, Carrière exposait le très beau portrait du sculpteur Devillez, qui consacrait ses succès antérieurs et lui valait une seconde médaille. Il avait convaincu les artistes, il lui restait à persuader le public.

Je n'ai pas oublié notre première rencontre. Sur l'instance d'un ami, beaucoup par surprise, j'avais accepté de faire un Salon. Cormon, le peintre nerveux des *Fils de Caïn,* me dit : « Allez chez Carrière, il a une très belle étude de nu. » Le jour déjà tombait, un de ces jours d'avril, où le printemps ressemble tant à une fête donnée aux hommes, qu'il est difficile de croire à l'indifférence des choses ; une sérénité descendait dans la lumière apaisée. J'arrivai à l'impasse Hélène, les enfants jouaient dans la cour, la fille aînée gentiment m'indiqua le tout petit pavillon qu'habitait la famille. Carrière était absent, mais sa femme me reçut, et me conduisant à l'atelier, me montra avec une simplicité touchante, après le tableau déjà dans son cadre, les études, les esquisses de son mari. Je venais de parcourir bien des ateliers, ceux de Montparnasse, ceux de Neuilly, de l'avenue de Villiers ; dans beaucoup j'avais trouvé la comédie de la richesse, un luxe fripé de bazar oriental ; nulle part je n'avais éprouvé l'émotion que j'éprouvais dans cet intérieur où rien ne mentait. Je comprenais mieux l'art de Carrière, le rapport du personnage à son milieu, ce que les choses ambiantes gardent de l'âme des hommes. Cette belle femme, que sacrait la noblesse d'une maternité prochaine, disait la droiture, la résignation, les vertus des simples et des forts. Tout en retournant les toiles, nous nous étions mis à causer ; à les regarder ensemble, une sorte de confiance s'était établie entre nous ; je lui disais que son mari était un artiste, que c'est un grand danger pour un peintre, qu'à coup sûr il serait reconnu un jour, mais que nul ne pouvait prédire ce jour, qu'il faudrait peut-être longtemps l'attendre. Je n'avais pas vu Carrière, j'étais désormais son ami. A peine formulée, ma prédiction se réalisait ; la bataille était gagnée ; sans l'espérer j'avais été le messager de la bonne nouvelle. En 1889, Carrière était proposé pour une médaille d'honneur et décoré ; les expositions du Champ-de-Mars, en isolant ses œuvres, les faisaient mieux comprendre ; les artistes, les écrivains, ceux qui « n'arrivent » pas, ceux qui vivent par la pensée et pour elle, le saluaient comme un des leurs ; les amateurs venaient à lui ; le public, un peu déconcerté par sa vision, se laissait toucher par ce qu'il sentait d'humanité dans cet art où malgré tout il se reconnaissait. « Je me trouvai alors, dit-il lui-même, après une vie si obscure et silencieuse, en contact avec les hommes qui, dans ma toute jeunesse, m'avaient paru à jamais loin de moi. J'étais trop meurtri par la vie, déjà trop avancé en âge et trop spécialement façonné par l'isolement, pour pouvoir me fondre dans ce nouveau milieu, mais j'eus la satisfaction de me voir exprimer de la sympathie par des hommes dont je n'aurais pas osé l'espérer. »

Carrière sortait de cette longue épreuve fortement trempé, mais intact, sans colère, sans haine. Il n'avait jamais été le petit démocrate à la Werther qui s'indigne que la société ne s'incline pas d'abord devant son génie et qui prend les exigences de sa sensibilité maladive pour un droit aux caresses des sensations délicates que donnent le luxe et la richesse ; pas un instant l'idée ne lui vint de jouer les gentilshommes de la palette ; il resta ce qu'il avait été, l'ouvrier robuste dont l'atelier ne dit que le travail, l'homme que nous voudrions appeler l'homme de demain, l'homme de cœur sain et de ferme raison, qui sait où est la vraie noblesse et qui s'y tient. Les épaules larges, Carrière porte sur un cou fort une tête puissante : le front haut, comme martelé, que dominent et parfois recouvrent à demi les cheveux rebelles, les pommettes saillantes, le menton ferme modèlent le visage, où l'ossature affleure, comme le roc perce la terre ; enfoncés sous l'arcade sourcillière en relief, abrités par la paupière un peu lourde, les yeux petits, volontiers baissés, ont, quand ils se fixent, un regard d'une insoutenable ardeur, une flamme qui semble entrer en tournant dans les êtres et les pénétrer ; sous les moustaches courtes, la lèvre inférieure avance en une moue, où se trahissent les impatiences et les dédains de l'artiste. Cette tête exprime d'abord la résolution ; elle a la construction solide d'une machine faite pour battre l'obstacle, jusqu'à ce qu'il tombe ; la mélancolie des jours passés, malgré tout, la voile à demi ; l'attention la transfigure ; mais rien ne vaut la lumière dont l'éclaire le sourire de l'amitié.

Quand Carrière parle de sa vie passée, c'est sans amertume, en homme qui applique son entendement aux choses mêmes qui le touchent ; aussi bien, comme tous ceux qui sentent qu'ils ont une œuvre à faire et qui ne sera jamais achevée, il est plus occupé de l'avenir que du passé ; s'il s'arrête un instant sur la route, ce n'est pas pour se fatiguer du souvenir des fatigues d'autrefois, c'est pour reprendre les forces qui le mèneront plus loin. Cédant aux sollicitations d'un ami, s'il se recueille et se tourne vers sa vie passée, il conclut : « Voilà, cher ami, la route parcourue ; comme je ne voyageais pas seul, elle a été dure, mais elle a été ce qu'elle devait être. Ayant librement choisi, j'étais résigné au départ, les accidents du chemin ne m'ont pas découragé. Les ennuis matériels ne m'ont guère laissé de tristes souvenirs, et mon amour-propre social blessé ne me tourmente pas non plus ; seules

les vraies douleurs sont restées vives, parce qu'elles sont les seules qui aient pu m'atteindre... Ayant mis mon but très loin, je savais qu'il me faudrait beaucoup de temps pour y parvenir, je trouve tout cela très logique ». Comment ne pas associer à cette vie celle qui en fut vraiment la compagne, qui, par sa patience, par son labeur obscur, la rendit possible, y mit la grâce et la dignité ? Il ajoute : « Ma femme a été belle de dévouement passif et actif, elle fut un élément de force naturel qui soutient sans qu'on le sache, correspondant à notre équilibre ».

Ce qui, plus que tout le reste, soutint Carrière et lui donna de la force pour aller plus loin, ce fut sa passion désintéressée pour l'art, sa foi à quelque chose de supérieur à lui-même, la conscience qu'il obéissait à sa destinée véritable, le sentiment religieux, si j'ose dire, qu'il travaillait à sa façon à l'œuvre impersonnelle qui reliait son effort à l'effort de l'humanité, et sa pensée à la pensée universelle. L'égoïste pressé de jouir, l'ambitieux qui ne veut que la réputation et les avantages qu'elle apporte, songe plus à plaire aux autres qu'à se satisfaire lui-même, il se diminue pour se mettre à la mesure de tous, il s'allège pour se faire porter par le flot. Pour Carrière, les événements sont des accidents extérieurs qui n'ont de sens que par leur rapport au progrès de son art et de sa pensée. Son dernier mot, quand il revient sur le passé, n'est pas pour parler de succès ni d'argent, mais de ce qu'il regarde comme les seules acquisitions véritables. « L'évolution de mon esprit se fit au milieu de tout cela, ajoutant une chose à une autre, amenant la découverte de lois qui se complétaient entre elles. Toujours je me refusai à donner dans mon œuvre une chose dont je n'étais pas très sûr, je répugnai à tromper par l'apparence d'une force que je ne possédais pas véritablement. Je compris un moment — lorsque accusé de faire toujours la même chose, — que changer signifiait grandir, et que mieux comprendre, ce serait aussi comprendre plus de choses. Je trouvai la correspondance des formes du paysage avec la figure, l'unité du principe des formes, j'en eus un grand bonheur. Je sentis ma conception s'élargir. Rien ne m'était plus étranger, et en voyant une chose, une forme, je sentais les autres s'y fondre en la complétant. Cette idée me dirigea et me dirige de plus en plus, elle me fit voir que tout avait été juste dans ma vie, et je me sentis plus de forces. Je compris que, si le public n'avait pas été prêt, c'est que je ne l'étais pas non plus, et que les choses fortes et simples veulent être dites fortement, que c'est long, très long, jamais abouti ; je sais maintenant que la vie est une suite d'efforts continués par d'autres plus tard. Cette idée m'encourage, puisqu'elle laisse tout en travail et en action, et que seule la pensée d'arriver à une fin est triste. » Carrière n'est pas un homme arrivé, il ignore le sens que prend ce mot dans la bouche des sots ; sa vie continuera d'être ce qu'elle fut ; son unité intérieure permet d'en présager l'avenir par le passé.

III

Quand on parle d'Eugène Carrière, il faut dissiper d'abord les malentendus.

De braves gens déclarent d'un ton de supériorité qu'il ne voit point les choses comme il les peint et qu'il fait exprès de les contrarier, en enveloppant les formes d'un brouillard qui les afflige. Je n'ai pas oublié les rires des belles dames qu'égayait le *Bois sacré* de Puvis de Chavannes ; elles l'accusaient de ne pas dessiner, de casser méchamment les bras et les jambes des muses.

Il en est de la couleur de Carrière comme du dessin de Puvis : l'originalité du langage d'un artiste se justifie par ce qu'il y sait faire tenir de sentiment et de pensée. On insistera, on dira que la peinture étant un art d'imitation, le peintre est tenu de rendre l'apparence des choses, d'en donner l'illusion, et que le premier venu est autorisé à se prononcer au moins sur le fait de savoir s'il a réussi dans cette partie de sa tâche.

Il faut s'entendre. Je reconnais que la théorie de l'imitation est celle des maîtres de la Renaissance italienne. Léonard de Vinci ne se lasse pas d'admirer l'art subtil qui permet à l'homme de rendre le relief et les trois dimensions sur une surface plane ; il se vante d'avoir trompé le chien et le chat de la maison par l'image de leur maître qu'ils voulaient caresser ; il exalte le peintre « rival de la nature, seigneur et maître de l'apparence », capable de réaliser à son gré tous les spectacles que crée sa fantaisie. Mais n'oublions pas qu'au moment même où le Vinci écrit le *Traité sur la peinture,* il découvre les secrets de la perspective et du clair-obscur, enrichit l'art de procédés nouveaux qui le portent à un degré inconnu de perfection. Sans nier que la peinture soit imitation, nous ne pouvons plus attacher le même prix à la difficulté vaincue. Si la peinture n'était rien de plus que l'exacte reproduction des choses, elle disparaîtrait avec la photographie des couleurs, avec le procédé mécanique qui va permettre de rendre l'image des choses dans sa forme et dans sa coloration. Il y a de la beauté dans une gravure, dans un dessin de maître, il n'y en a pas dans le trompe-l'œil d'un manœuvre adroit. Léonard de Vinci lui-même subordonne l'imitation au sentiment, il lui donne pour objet dernier l'âme, ce qui peut apparaître de l'esprit dans un corps, — *la pittura e cosa mentale,* — pour nous, la peinture est avant tout un langage. Certes ce langage reste lié aux lois générales de la

vision, aux lignes, au modelé, aux jeux de la lumière
et de l'ombre, à l'harmonie des couleurs; mais
dans ces éléments multiples l'artiste peut faire un
choix, s'attacher de préférence à ceux qui, accordés
à son émotion, lui en permettent l'expression la
plus directe et la plus contagieuse.

Le langage pittoresque de Carrière a quelque
chose d'abstrait, de partial, en ce sens qu'il néglige
la couleur dans la diversité de ses nuances; mais,
à le prendre d'un autre biais, nul n'est plus concret, plus strictement réel par le respect des lois
essentielles de la vision humaine, par l'intelligence
de l'élément primordial que les couleurs ne font
que varier, je veux dire : la lumière et ses dégradations, toute cette gamme des valeurs qui construit
pour l'œil l'objet dans son relief et qui a elle aussi
ses accords délicats et charmants. L'œil de Carrière
est vraiment ici d'une subtilité merveilleuse; comme
tous les maîtres, il domine la nature par l'intuition
de ses lois. Ceux qui s'imaginent qu'il a choisi ce
langage original, qui mêle la tendresse et la gravité,
de parti pris, pour ne pas ressembler aux autres,
pour étonner et dérouter les bourgeois, montrent
une singulière naïveté jointe à une rare ignorance
de ce qu'est le travail de l'artiste. Carrière a l'horreur du procédé, comme il a l'horreur de tout mensonge, pour en savoir le néant et la vanité. « Ce
n'est pas l'art pour l'art qui est à craindre, me

disait-il un jour, c'est le métier pour le métier. Détaché du sentiment qui le crée, le procédé n'est rien : les plagiaires sont les voleurs volés. L'art est quelque chose d'intérieur, de personnel : on travaille pour donner le meilleur de soi. La vision dépend de l'œil, l'œil dépend de l'esprit. Un procédé est stérile, une vision est féconde. Sans doute la vision de l'artiste a une unité qui tient à son tempérament, mais par cela même qu'elle dépend de la nature de l'homme, qu'elle en est l'expression sincère, elle n'est pas arrêtée, figée, elle obéit aux progrès de la vie, elle fait de chaque œuvre une occasion d'approfondir sa propre pensée en en découvrant quelque aspect nouveau. » Là est le vrai. Carrière n'a pas un procédé, il a une vision qui, liée à son intelligence et à sa sensibilité, est originale comme son esprit. Si elle nous surprend d'abord et exerce quelque violence sur nos habitudes, au lieu de nous y refuser par une sorte d'inertie, acceptons-la, nous ne tarderons pas à découvrir ce qu'elle garde d'universel et d'humain dans ce qu'elle a d'individuel et de différent, et, de mieux en mieux, nous comprendrons ce qu'elle a de vrai, de réel, de littéral même, tout en nous sentant de plus en plus pénétrés par sa beauté sensible et par sa puissance expressive.

« L'œil dépend de l'esprit. » Eugène Carrière est avant tout un observateur attentif et réfléchi. Tous

ceux qui l'ont abordé ont été frappés de ses formules vives, originales, de ses mots hardis, des
images simples et fortes, par lesquelles il caracté-
rise un homme, résume une théorie, impose ses
jugements au souvenir. Sa conversation d'abord a
quelque chose d'hésitant, d'embarrassé, il multiplie
les interrogations, les « n'est-ce pas ? », il s'arrête
pour réfléchir, mais le travail intérieur se poursuit
et tout à coup l'idée jaillit en une formule lumineuse qui sortant du fond obscur tout à la fois en
rayonne et l'éclaire. Il abonde en mots imprévus,
suggestifs, où se marque, avec la profondeur de sa
réflexion, son sens du réel, son esprit d'observation. Le brouillard intelligent de sa peinture devient
dans sa conversation la pensée d'abord comme
diffuse qui peu à peu se précise, se distingue, se
modèle en une forme nette sous une clarté vive.
Il n'entre en possession de son idée que quand
il la voit, que quand elle est devenue l'image où
elle prend corps. Sa pensée, où se retrouvent
la franchise et la spontanéité de l'esprit populaire
est une pensée artiste ; elle ne décompose pas les
idées, elle ne va pas de l'une à l'autre logique-
ment, elle est une divination, l'intuition synthé-
tique, où les observations antérieures et les pres-
sentiments obscurs s'organisent et vivent.

Il est bien difficile de détacher ces mots des
entretiens qui les amènent, de les isoler de l'accent,

du sourire, du geste et de donner à qui les lit ainsi épinglés l'espèce de secousse intellectuelle qui se communique à qui en reçoit le choc soudain. On parle de l'art japonais, de son influence : « le japonisme, c'est très intéressant, au Japon ; après tout ce sont des hommes qui se sont arrêtés, j'aime les enfants, mais pas les vieux enfants, et puis je m'intéresse plus à l'histoire de mon grand-père qu'à celle du grand Turc. Changer n'est pas progresser ; un homme ne progresse pas parce que de carabinier il se fait fantassin ». Il remarque qu'en art l'homme en vient toujours à faire ce pourquoi il était fait, que tôt ou tard il trahit sa vraie nature : « Il y a plus d'un ministre qui toute sa vie, sans le savoir, a couru après une loge de concierge ; il y a des gens qui commandent parce que le lieutenant est tué, le lendemain ils redeviennent cantiniers. » Il compare les naturalistes « à des gens qui jetteraient de l'engrais et se croiraient jardiniers » ; il dit d'un démocrate sceptique et dilettante : « dans son journal il sort avec ses parents pauvres » ; d'un peintre qui réduit l'art au métier : « c'est un cuisinier, son autel est un fourneau, — après tout, c'est aussi carré ». Il s'égaie « de notre jeunesse littéraire qui porte dans la vie la figure d'un petit débitant dont le commerce ne va pas », de l'instantanéité du plagiat « qui fait que les découvertes n'ont pas l'air d'être faites comme autrefois par un seul, mais par un monôme (*) ».

Carrière n'est pas seulement un observateur, qui excelle à surprendre un ridicule, à saisir le trait caractéristique d'un être ; un esprit singulièrement original, en qui survit dans la réflexion l'invention métaphorique de l'homme primitif. Nul plus que lui n'est individuel, en ce sens que nul n'applique plus naïvement, plus directement sa pensée à la vie, mais nul aussi n'est plus convaincu qu'il y a dans les choses une logique profonde à laquelle on ne se soustrait pas impunément. Ceux qui croient qu'il cherche l'inédit, qu'il peint autrement qu'il ne voit, se trompent lourdement. Il n'a pas la manie d'être « différent ». Son originalité n'est que sa volonté de ne rien exprimer qui n'ait passé par son esprit et par son cœur. En étant lui-même, il a l'ambition d'être homme ; il ne se lasse pas de répéter « que les choses sont toujours belles par les mêmes raisons ». Il croit à l'universel, à une vérité commune, en laquelle les esprits s'unissent, et il prétend la découvrir à sa manière, l'exprimer dans la langue qui est la sienne. Non qu'il se pique

(*) Quelques-uns de ces mots ont été relevés par Edmond de Goncourt dans son journal ; c'est à Goncourt qu'il disait un jour, opposant les grossièretés du naturalisme aux mièvreries du néo-mysticisme : « Est-ce que vous n'avez pas en vous le sentiment de la désespérance dans ce monde de maintenant dont les uns portent un é.... dans la main, et les autres un cierge ? »

de philosophie, qu'il disserte au lieu de regarder, qu'il se flatte de peindre le monde des idées ; il ignore Winckelmann et ne fait pas dire de sottises à Platon. Son rationalisme n'a rien d'abstrait, il a quelque chose de naïf ; il est intimement lié à l'observation ; il n'est que l'intelligence et l'interprétation des images dont se compose incessamment sous nos yeux le spectacle du monde. Pour comprendre la réalité, il ne s'en éloigne pas, il y entre plus profondément. Son art l'unit à la nature ; à force d'épier la vie, ce qu'en révèle un geste, une attitude, un mouvement, il en vient à entendre le langage des formes, comme les vieux saints légendaires entendaient le langage des bêtes ; pour lui, rien n'est silencieux, tout est signe et symbole, c'est en peintre, c'est avec les yeux qu'il voit la pensée vivante qu'à des degrés divers tout manifeste.

« Dans la nature, me disait un jour E. Carrière, les formes sont sympathiques, d'une même famille, les expressions d'une même idée qui peu à peu s'affirme et se précise. Il y a quelque temps, je revenais de Saint-Maur, je regardais par les vitres courir le paysage, et j'admirais l'ondulation des collines, à laquelle se mariait la courbe des feuillages ; je me retourne, et en face de moi je vois une femme à la bouche d'un dessin fier et pur, et dans cette bouche comme répété clairement tout

ce que je venais de voir et d'admirer. Il y a ainsi
une hiérarchie des formes qui s'expliquent l'une
l'autre ; dans la nature, rien n'est dépaysé, parce
que tout est parent, la colline et la plaine, l'arbre,
la terre et l'homme ; aussi, que dans un beau
paysage apparaisse une belle femme, vous ne voyez
plus qu'elle, mais en elle vous revoyez tout le reste. »
Carrière se plaît à une sorte de transformisme,
qu'il illustre de dessins étranges, où des formes de
la fleur, du fruit, par degrés on s'élève à celle de
la femme. Ici encore sa pensée se fait image ; cet
homme, qui ne sait que ce qu'il découvre, retrouve
à sa façon Darwin qu'il ignore. Mais, par ces sym-
boles, qui ne doivent pas l'égarer, loin de ramener
la vie au mécanisme et au hasard, sa fantaisie
sérieuse exprime le sentiment profond des harmonies cachées qui lui révèlent l'universelle présence d'un esprit également épris de logique et de
beauté. Spiritualisme de peintre et de poète, qui
par la perpétuelle attention aux signes expressifs
du sentiment, par l'accord de ses propres émotions
aux formes visibles, par la pratique de son art,
découvre de plus en plus le sens des lignes, de la
lumière et de l'ombre, et qui de la face de la terre
à la face de l'homme, suivant la chaîne d'or de la
vie, reconnaît, sous les mille métamorphoses qui
la déguisent aux yeux distraits, la même pensée
obéissant aux mêmes lois.

La sensibilité de Carrière, comme son intelligence, est, si j'ose dire, réaliste ; elle trouve son aliment dans ce qui le touche directement, elle se prend d'abord aux êtres qui l'entourent, à ceux qu'il voit vivre et souffrir ; par là elle semble tout individuelle, enfermée dans le cercle étroit de la famille ; mais, en s'approfondissant, elle s'étend, s'universalise, devient la sympathie à laquelle toute vie révèle son mystère. Carrière n'a pas le goût de la fiction, il ignore la mythologie ; il n'ira pas, comme Faust, redemander avec violence « aux mères » la forme divine d'Hélène ; son imagination n'a pas besoin du recul du passé, elle s'attache aux objets qu'il a sous les yeux, à la vie dont il est l'auteur et le témoin ; sa rêverie a quelque chose de concret, elle ne l'emporte pas loin du réel, elle est la réflexion dans laquelle son émotion se continue et tout en s'exaltant prend quelque chose d'intellectuel. Il répugne au sentimentalisme ; il ne fausse pas le sentiment en exagérant son expression ; il atteint la poésie par la vérité. Volontiers il reprendrait à son compte la belle parole du Vinci : « Plus on connaît, plus on aime. » Ses émotions ne l'aliènent pas de lui-même, elles lui laissent la possession de soi, le sang-froid de l'homme qui les domine et les réfléchit sans les amoindrir. Lié à ses sentiments, fait d'observation discrète et profonde, son art est une sorte de méditation de la vie. Les analogies qu'il croit saisir entre toutes les formes ne sont que les divinations d'une sympathie de plus en plus clairvoyante qui peu à peu de ceux qui l'entourent l'unit à tout ce qui est. C'est pour avoir observé le langage visible des corps, pour en avoir pénétré le symbolisme caché, qu'il devine le geste d'un sentiment dans l'ondulation de la colline, dans la forme de l'arbre, dans le frisson de la fleur.

En quelques lignes obscures à force de concision, mais d'une véritable beauté, Carrière a résumé tout ce que je ne fais que développer et qu'éclaircir ici(*):

« Dans le court espace qui sépare la naissance de la mort, l'homme peut à peine faire son choix sur la route à parcourir, et à peine a-t-il pris conscience de lui-même que la menace finale apparaît.

« Dans ce temps si limité, nous avons nos joies, nos douleurs ; que du moins elles nous appartiennent ; que nos manifestations en soient les témoignages et ne ressemblent qu'à nous-mêmes...

« Je vois les autres hommes en moi et je me retrouve en eux, ce qui me passionne leur est cher.

« L'amour des formes extérieures de la nature est le moyen de compréhension que la nature m'impose.

« Je ne sais pas si la réalité se soustrait à l'esprit,

(*) Catalogue de l'exposition des œuvres d'Eugène Carrière, faite à *l'Art nouveau* (avril 1896).

un geste étant une volonté visible! Je les ai toujours
sentis unis.

« L'émouvante surprise de la nature aux yeux
qui s'ouvrent sous l'empire d'une pensée enfin
voyante, l'instant et le passé confondus dans nos
souvenirs et notre présence... tout cela est ma joie
et mon inquiétude.

« Sa mystérieuse logique s'impose à mon esprit,
une sensation résume tant de forces concentrées.

« Les formes qui ne sont pas par elles-mêmes
mais par leurs multiples rapports, tout, dans un
lointain recul, nous rejoint par de subtils passages :
tout est une confidence qui répond à mes aveux,
et mon travail est de foi et d'admiration. »

En ce temps de dispersion, de talent mécanique
et surajouté, où chacun plus ou moins bien joue
plusieurs personnages, cette vie fortement unifiée
a quelque chose de saisissant. Carrière est un bon
ouvrier qui aime son œuvre, qui la fait avec gravité,
avec respect, qui se met en elle tout entier ;
la peinture est sa manière d'être homme, de sentir,
de penser et d'agir ; son art n'est pas seulement
son métier, il est sa science et sa morale, sa philosophie et sa religion ; il est le principe de son
accord avec lui-même, de sa sympathie avec les
autres hommes, de sa communion avec l'esprit
universel, dont la toute présence le rassure sur
la valeur de son propre effort. A ceux qui seraient

tentés de juger ce point de vue bien étroit, bien naïve cette prétention de trouver dans un art tous les éléments d'une vie pleinement humaine, je puis affirmer que cette illusion, si elle n'est plus de notre temps, a été celle des Léonard de Vinci, des Michel-Ange et des Albert Dürer.

IV

Le métier de Carrière n'est que son esprit même
présent à ce qu'il fait, il est l'expression sensible
de ce qu'il a d'original et de passionné, de logique
et d'universel.

Quelques critiques, pressés de juger et d'établir
leur compétence, affirment que Carrière ne dessine
pas : il enfume ses tableaux de parti pris, il noie
ses figures dans un brouillard flottant, où les lignes
oscillent, s'irradient, où les formes se dissipent
et s'évanouissent. Voilà qui est bientôt dit : il est
plus facile de se débarrasser d'un artiste que de le
comprendre. Il importe avant tout de s'entendre
sur ce qu'est le dessin. Le dessin est chose moins
simple que beaucoup d'honnêtes gens ne l'imaginent.
Volontiers on le définit par le contour, par la ligne
qui suggère l'image d'un corps en reproduisant
sa silhouette. Que ce dessin existe, qu'il réponde
aux lois de la vision, il n'y a pas à le nier : la main
du peintre ne fait qu'imiter, que suivre le mouvement de l'œil qui, pour s'emparer de la forme,
la résume dans les lignes qui la limitent. Mais, en

art, de ce dessin ce qui nous intéresse, ce n'est pas la calligraphie déliée, ce n'est pas même l'exactitude mathématique que donnerait bien mieux encore un instrument indifférent et passif, c'est dans la justesse ce que l'artiste sait mettre d'expression, c'est dans l'ondulation de la ligne le frémissement de l'esprit. Tel peintre qui silhouette un grenadier, en commençant par la botte ou par le bonnet à poil, ne sera jamais qu'un illustrateur banal. Que ceux qui parlent de la ligne prennent la peine d'observer avec quelle délicatesse Raphaël la balance, l'équilibre, la plie aux exigences de son génie ; avec quelle violence Michel-Ange l'allonge, la tourmente et l'agite de l'inquiétude des âmes héroïques. Le contour n'est pas le dessin en soi, une entité sacro-sainte ; il est un procédé empirique, qui se justifie dans la mesure où il répond aux lois de la vision ; sa légitimité, sa valeur artistique reconnue, j'ajoute qu'il a quelque chose d'abstrait : il est un résumé, un schéma, il substitue à la vision intégrale un de ses moments, au volume la surface, à l'objet donné sa limite.

Il est des artistes qui, au lieu de traduire la forme par une ligne qui n'en est que l'indication et le résumé, l'abordent directement et la rendent telle qu'elle leur apparaît. Leur dessin plus concret, plus rapproché de la vision réelle, plus complexe, est une construction de l'objet, un effort pour l'établir d'ensemble, en marquant les saillies, les creux et les reliefs. Ils ne partent pas du trait qui n'est, à l'isoler, qu'une abstraction, ils y arrivent comme à la limite du corps qu'ils modèlent ; ils ne définissent pas avec plus ou moins de justesse une certaine quantité d'espace pour le remplir de son contenu, ils vont du centre à la périphérie, ils dégagent et précisent la forme par les ombres et les lumières, en la faisant émerger de leurs rapports. Les élèves de David croyaient imiter la statuaire antique par leurs silhouettes linéaires, ils procédaient, à dire vrai, à l'inverse du sculpteur qui voit la forme toute à la fois, en ordonne les diverses parties par un travail simultané et ne réalise la beauté de la ligne que par l'équilibre des masses.

Pour comprendre le dessin de Carrière, il faut avoir regardé ses albums à couverture grise, manié ces feuilles volantes — lettres de faire part, prospectus — qui traînent sur la table de l'atelier, encombrent les tiroirs, s'accumulent dans les cartons, ces « pensers », comme eût dit Watteau, ces pensers du matin et du soir, de toutes les heures de loisirs studieux, où il prépare les œuvres qui prolongent sa vie dans les images qu'elle crée. Ces innombrables croquis au crayon noir, à la sanguine sont les notes rapides où se traduit sa passion d'observateur infatigable. Carrière sait voir ce que nous ne voyons plus à force de le voir, il garde

l'étonnement de l'enfant qui rajeunit le spectacle
du monde ; la vie n'est jamais pour lui quelque
chose de banal, d'effacé, elle reste quelque chose
d'inconnu, d'inédit, l'objet d'une perpétuelle surprise ; il en aime tous les gestes, il l'épie en ces
instants où, livrée à son propre entraînement, elle
se révèle dans sa vérité, où, libre de tout artifice
et de toute contrainte, elle reprend la fraîcheur
et comme la nouveauté des choses éternelles. Il
saisit d'un œil sûr ces aspects fugitifs de l'être,
il les fixe d'une main prompte et passionnée. Ces
croquis ne sont que des émotions et des mouvements, une suite de visions rapides où brusque-
ment s'évoquent les très simples images dont
la suite compose une existence humaine. Vous
y trouverez dans leur franchise tous ces mouvements qui, d'abord instinctifs, accordent la mère
et l'enfant jusqu'à en faire un seul être en deux
personnes, puis peu à peu les rapprochent par un
amour où déjà entrent la conscience et la volonté :
une tête se penche dans un élan de tendresse,
deux visages se rencontrent dans un baiser, l'enfant s'est endormi dans le berceau des bras maternels ; autour de la grande table, sous l'orbe de la
lampe, se presse le cercle de famille ; résumés en
quelques accents, tous les gestes de la vie sont là,
ceux de la joie, de la douleur, de l'inquiétude,
de la vague rêverie, ceux des humbles occupations

domestiques, et ceux aussi des objets familiers qui ont leur langage, parce qu'ils ont leur esprit.

Des mains sans nombre couvrent ces feuillets, vivantes, expressives ; « ces mains, qu'il a délimitées et modelées en quelques coups de crayon, on peut les placer auprès des mains les plus célèbres racontées par les croquis les plus impeccables. Carrière les voit vraiment douées d'une existence spéciale et révélatrices de caractères. Il dit par elles les volontés et les mollesses, les énergies de l'action, les abandons hautains des indifférents, les défaites des résignés. Il en voit de gracieuses, de nobles, d'infiniment touchantes... Il caresse de toute sa délicatesse des mains potelées d'enfant, des mains fines et rêveuses de femmes. Il est saisi d'un respect attendri devant des mains de veillesse au repos d'un long travail (*). »

Rappelez-vous, dans le Christ en croix, le geste émouvant de la mère, les mains pâles portées à la bouche dont elles compriment le sanglot. L'homme juste a été crucifié, comme il convient, comme tant d'autres, après lui et en son nom, seront torturés et brûlés pour le même crime : sur

---

(*) Gustave Geffroy. *La Vie Artistique,* 1re série, p. 33. « Ah ! des mains, ah, la main ! ce morceau de l'être, qui dit et raconte tant de choses en lui ! des mains, il y en a là, dans les tiroirs, des brassées, — et toujours en la surprise de toute leur éloquente mimique. Car Carrière est un dessinateur passionné de la main, comme l'ont été Watteau et Gavarni. » (E. de Goncourt. Préface de *La Vie Artistique,* 1re série, p. 12.)

le fond, dont les ténèbres se confondent avec
le ciel, la terre, les monuments des hommes,
le corps du crucifié pesant sur les mains que les
clous déchirent, se construit d'une pâle lumière ;
le visage noyé dans l'ombre, mais dont le front
s'éclaire, dit la sérénité de celui qui, sachant
la sottise et la méchanceté, a choisi de mourir
pour ce qui doit être plus fort qu'elles. Auprès
de la croix basse qui en le dressant de toute sa
hauteur laisse le juste au niveau des hommes,
la mère, debout, dans ses vêtements noirs, porte
à son visage ses mains croisées par un geste où
se marquent la stupeur et la désolation de celle
qui ne veut rien savoir que l'immense douleur qui
l'accable. Dans le rapprochement de ces deux êtres
tient le meilleur de l'humanité : la nature se continue, s'achève par la pensée, la mère par le fils,
l'instinctif dévouement par le sacrifice volontaire.

Là-dessus, n'imaginez pas la calligraphie nette et
patiente d'un professeur de pensionnat, un contour
sec, sans déviation ; la ligne mobile frémit, remue,
se jette dans la direction du mouvement avec une
sorte d'emportement ; la forme n'est pas scrupuleusement observée, elle est pliée à toutes les exigences du sentiment, réduite parfois à n'être que
le thème expressif, l'arabesque émouvante, dont la
vérité idéale porte la nature au delà d'elle-même.
La forme de l'arbre dépend des souffles qui l'agi-

tent ; elle varie, selon qu'il ondule sous la caresse
de la brise, qu'il se courbe tout entier, tronc et
feuillage, dans le sens du vent qui le frappe, ou
qu'il oscille en tous sens aux chocs contrariés d'un
souffle de tempête ; ainsi, en ces croquis, se tourmente la forme humaine battue de tous les vents
de l'esprit (*). Ces notes, prises par l'artiste au jour
le jour, montrent sa curiosité infatigable, l'acuité de
son observation, l'ardeur et la sûreté de sa main,
ce qu'a de passionné et de réfléchi son émotion
devant la nature et devant la vie.

Carrière n'a pas l'œil analytique : il ne construit
pas la forme de traits raccordés, il l'embrasse d'un
regard comme la courbe d'un dessin ornemental ;
en présence d'une grappe de raisins, il voit la
grappe et non les grains, le tout avant les accidents
qui en précisent la vision d'ensemble. S'il note l'attitude d'un enfant, qui, le soir, s'est endormi sur
la table, la tête dans ses bras, il ne décompose pas
l'image, il la voit toute à la fois comme un fruit,
une fleur ; il découvre d'abord la ligne générale qui
comprend toutes les autres lignes, il l'établit et y
subordonne le reste ; il va de la main, saisie dans
la loi de la forme, aux doigts qui l'achèvent ; s'il

(*) « Insistez sur les traits dominants du modèle, disait Ingres
lui-même, exprimez-les fortement, poussez-les, s'il le faut, jusqu'à
la caricature, je dis caricature afin de mieux faire sentir l'importance d'un principe si juste. »

regarde une mère allaitant son enfant, il ne distingue pas deux êtres qu'un hasard rapproche, il aperçoit l'unité de l'arabesque qui, de ces deux êtres, que traverse un même sentiment, pour un instant compose une forme unique et comme naturelle. Rien n'est plus propre à montrer ce qu'il y a dans l'esprit de Carrière d'original, d'individuel, d'incommunicable parfois, que ces synthèses hardies où la forme, simplifiée par le sentiment, n'en est plus que le signe expressif ; mais, jusque dans ces audaces, vous trouverez le souci de la loi, la recherche de l'essentiel, le goût de la vérité profonde, l'intelligence qui domine la réalité à force de la comprendre.

Si ces croquis ont parfois leur intérêt en eux-mêmes, ils ne sont que des notes, des documents, les éléments patiemment amassés de l'œuvre qui en donnera le sens véritable. Carrière n'est ni un nerveux, ni un agité ; il est robuste, de tempérament rassis, plein de sens ; il aime l'universel ; il est convaincu qu'il y a dans les choses une logique souveraine que la pensée doit accepter librement comme sa propre loi. Le même amour de la vérité qui fait passer dans ses croquis le frémissement et les palpitations de la vie, l'attache aux lois réelles que les accidents dissimulent sans s'y soustraire. S'il est vrai que la forme, à parler strictement, n'existe pas, qu'instrument de la vie, toujours modifié par les mouvements de la passion et de la

volonté, elle se présente sous un nombre infini
d'aspects, il n'est pas moins vrai que, sous tous ces
aspects, elle se retrouve et se reconnaît. Si variées
que soient les attitudes que lui impose l'esprit, le
corps est une machine, il a ses pièces articulées,
dont le nombre, la structure et les rapports définissent avec une inexorable rigueur les limites
entre lesquelles il peut être transformé par l'action.

Carrière est trop sincère et trop réfléchi pour
s'en tenir à l'apparence, pour peindre d'un corps
ce qu'en saisit d'abord un œil superficiel et prompt ;
il est préoccupé avant tout de ce qui explique ce
qu'on voit, de ce qui détermine les plans, les creux
et les reliefs, des masses solides, des substructions
osseuses ; le corps sans poids ni profondeur n'est
plus qu'un fantôme incapable de vie. « J'ai remarqué chez Vélasquez, me disait-il un jour, plus encore
peut-être chez le Vinci, que les traits du visage, les
yeux, le nez, la bouche sont préparés par ce qui
les entoure, par l'arcade sourcilière, les pommettes,
les mâchoires ; ils ne seraient pas là, on les
devinerait. Ces traits sont comme un sommet, on
y arrive par ce qui y mène ; isolés, ils perdent leur
sens, n'étant pas attendus comme dans la nature.
Les imbéciles qui se jettent sur les yeux, le nez, la
bouche, sont des gens qui veulent ouvrir les fenê-
tres avant d'avoir élevé le mur. » Carrière n'est pas
de ces architectes chimériques : il établit d'abord

les dessous solides, la charpente osseuse ; il dresse
le front, derrière lequel se passent tant de choses,
sculpte son relief et ses bosses ; il construit l'arcade
sourcilière, les pommettes, l'arête du nez, l'os des
mâchoires ; sur ces fortes assises, lentement édifiées
par les ancêtres et qui trahissent du caractère ce
qui ne change pas, il tend les muscles mobiles que
toute émotion met en jeu, les paupières, les joues,
les ailes du nez, les lèvres, toutes ces parties frémissantes au moindre choc, qui disent tout à la
fois le sentiment momentané par leurs contrac-
tions passagères et la destinée par leurs habitudes.

C'est surtout dans ces préparations au brun, dans
les portraits qu'il se plaît à modeler de son libre
pinceau avec l'ombre et la lumière, que Carrière
révèle son art de faire sentir, dans le masque en
relief, les dessous résistants, de relier la construction savante à l'expression morale. Étudiez encore
les lithographies où il a représenté quelques hommes célèbres de ce temps. Pâle, émergeant du fond
sans violence, la tête d'Alphonse Daudet garde dans
sa mélancolie l'élégance de sa forme heureuse ;
Verlaine, dans une clarté dorée, étale sa face para-
doxale, où l'homme et la bête se mêlent si curieu-
sement ; le crâne chauve, le front très haut mais
serré aux tempes et comme soudé trop vide, la fente
des yeux bridés, sans paupières, que l'orbite écrase,
le nez camus, la pommette saillante que l'ombre

souligne, la bouche devinée sous la grosse moustache aux poils jaunis ; la construction forte garde l'inachevé de l'enfance, et, par son manque d'ordre, de symétrie, trahit l'âme trouble, multiple, qui livra le poète tour à tour ou « parallèlement » à l'erreur et au repentir.

La lithographie d'Henri Rochefort n'est pas d'une facture aussi simple ; l'exécution, inquiète, tourmentée, comme discordante, se plie au caractère du modèle. Carrière a peint le pamphlétaire, l'homme de combat, qui, d'instinct, adapte au milieu démocratique, les traditions des grands seigneurs qui tenaient campagne contre les gens du roi et faisaient les routes peu sûres.

Tout autre est la belle image du sculpteur Rodin ; la construction savante distingue et relie les plans du visage ; l'arcade sourcilière puissante, d'où se détache l'arête du nez recourbé, continue les bosses du front, se prolonge par les pommettes ; un pli dédaigneux avance la lèvre inférieure ; la barbe descend en ondes qui se perdent dans l'ombre. On dirait sculpté par la main de Michel-Ange, dans le roc, la tête d'un faune sérieux où l'âme de la nature arrive à la conscience d'elle-même, et le souvenir s'éveille des groupes où l'artiste a modelé, dans ses marbres frémissants, les ivresses, les angoisses, les terreurs du mystérieux amour qui se prend pour la recherche du bonheur.

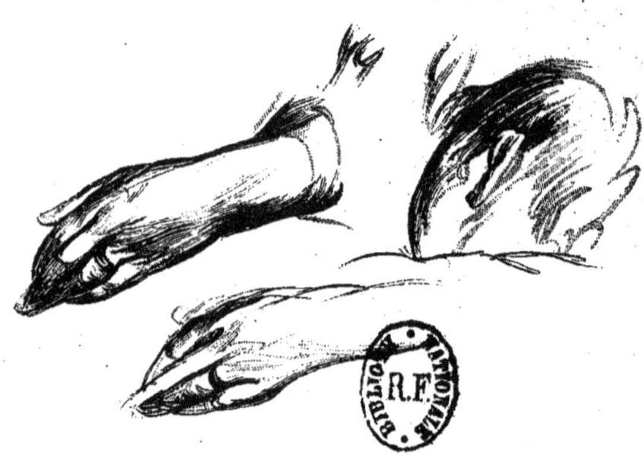

Ainsi Carrière ne voit pas une tête ou un corps comme des surfaces, il n'en copie pas l'apparence scrupuleusement : il les voit d'ensemble, dans leur unité, dans la loi de leur structure, et il subordonne tous les détails au plan supérieur qui les domine. Le même esprit de synthèse qui dans ses croquis ne laisse de la forme que ce qu'elle a d'expressif, la lui fait rétablir dans tous ses droits, quand il arrive à l'œuvre définitive. Dans ses tableaux, où il est vraiment lui-même, le dessin est fait de ces deux éléments : justesse expressive, construction savante ; vous y retrouverez la fougue intérieure qui agite ses esquisses, le mouvement passionné, le geste où tout l'être se projette, mais l'action est contenue dans les limites de la forme qui, en l'arrêtant, ajoutent à l'impression de la force qui les voudrait franchir. Le talent de Carrière harmonise ces dons en apparence contraires : sensibilité ardente et intelligence lucide, passion et logique, élans soudains et volonté tenace.

V

Sa couleur témoigne la même vision, le même
penchant à subordonner le procédé au sentiment,
le matériel du langage à ce qu'il a d'expressif ; le
même esprit de synthèse, la même originalité dans
le respect des lois nécessaires.

D'aucuns trouveront paradoxal de parler de la
couleur à propos de Carrière ; mais ici encore il est
bon de s'entendre. Prenez un coloriste de génie, le
prince des Vénitiens, Paul Véronèse. La diversité
des couleurs, dont chacune a sa qualité propre et
ses nuances, la richesse visible qu'il prodigue, la
rencontre de tout ce que la nature met d'éclatant,
de doux, de radieux dans les pierres précieuses,
les fleurs, les soleils couchants, certes contribuent
à l'enchantement de son œuvre, mais le charme
sensible est moins dans les éléments, dans leur
nombre, dans leur intensité, que dans l'art qui les
combine, dans l'harmonie qui fait qu'ils se répondent, s'accordent, et que tous enfin conspirent à
l'unité d'une vision comme simultanée. Disposée
par une main maladroite, cette foule d'éléments ne

serait plus qu'un tumulte douloureux ou le silence
inattendu de couleurs bruyantes qui s'éteindraient
l'une l'autre. Ainsi ce qui fait dans un tableau la
beauté du coloris, ce n'est ni la variété, ni la richesse
des tons isolés, c'est leur harmonie, et cette harmonie dépend elle-même de la distribution de la
lumière, de la justesse avec laquelle ses gradations
sont observées et rendues. Un tableau, où tous les
tons seraient comme échantillonnés, pourrait donner beaucoup moins l'impression de la couleur
qu'une gravure où les valeurs seraient notées par
un œil délicat. Vélasquez jamais peut-être ne s'est
montré coloriste plus rare, plus raffiné que dans
le tableau fameux des *Ménines,* où n'entrent comme
éléments que le noir des vêtements opposé à la
clarté des visages et des mains. Gœthe prétendait
contre Newton que toutes les couleurs résultent de
la combinaison de la lumière et de l'ombre; il est
vrai, du moins, que les couleurs et leurs nuances
sont des accidents de la lumière, qu'elles lui sont
intimement liées, qu'elles participent à ses lois.
Supposez que d'un tableau de Vélasquez ou de
Véronèse vous effaciez les tons en ne gardant que
leur intensité lumineuse, de ces valeurs accordées
se composera une harmonie dont le charme sensible
atténuera l'impression première de l'œuvre sans la
détruire.

De la couleur, Carrière ne retient que la lumière

et l'ombre, mais son œil est merveilleusement sensible à leurs gradations et à leurs accords. S'il est légitime de regretter ce qu'il néglige, il est plus sage d'apprécier ce qu'il garde et d'en jouir. Nul n'observe la nature d'un œil plus attentif, nul n'obéit plus strictement à ses lois essentielles ; il l'interprète, il ne la trahit pas. Tout vrai peintre est un « sensuel » de l'œil, un homme qui perçoit avec plus de subtilité que le vulgaire les rapports des lignes, des tons ou des valeurs, et qui fait participer les autres aux jouissances qu'il sait goûter dans la vision des choses. « La peinture, disait Le Poussin, est faite pour la délectation. » Les tableaux de Carrière ne sont pas faits seulement pour plaire à la raison ou pour émouvoir le cœur, ils parlent un langage simplifié, mais qui a ses douceurs, ses caresses, ils donnent à la pensée un accompagnement de sensations qui ont leur prix en elles-mêmes. Harmoniste délicat, des éléments qu'il garde de la réalité visible, il sait composer des œuvres d'un charme pénétrant. — Mais pourquoi sacrifie-t-il les couleurs, pourquoi ne peint-il pas les choses comme nous les voyons ? — Peut-être parce qu'il les peint comme il les voit, peut-être aussi parce qu'il a habité les humbles appartements des Batignolles et non les palais de Venise ; à coup sûr, parce que ce langage convient à l'expression de ce qu'il veut dire, parce que d'instinct il le juge approprié à l'intimité

de ses émotions, à ce qu'elles ont tout à la fois
d'ardent, de profond et de réfléchi, parce que sa
simplicité même lui plaît, parce qu'elle répond à son
goût de l'unité, à son esprit de synthèse, à sa
concentration volontaire de l'effet et du sentiment.

Vous retrouverez cette pénétration de l'intelligence
et de la sensibilité, ce besoin d'unité, ce sens du
caractéristique et ce souci de l'universel dans l'art
avec lequel l'artiste ordonne ses groupes, les relie
l'un à l'autre, de leur ensemble construit un tableau.
La composition de Carrière, comme son dessin, est
un mélange heureux de puissance expressive et de
construction savante. Ses croquis ne révèlent pas
seulement un rare sentiment du mouvement dans
ce qu'il a pour ainsi dire de spirituel, ils montrent
le peintre attentif à tous ces accidents de la vie qui
rapprochent deux ou plusieurs êtres, enveloppent
leurs formes distinctes dans l'unité d'une action qui
lès accorde l'une à l'autre. Un cavalier galopant par
la plaine évoquait dans l'imagination plastique des
vieux Hellènes la figure du Centaure ; à tout instant,
sous nos yeux, de plusieurs corps se crée comme
un corps plus complexe, dont les lignes trouvent
leur harmonie dans l'acte même qui lui donne une
existence éphémère : les sculpteurs ne l'ignorent
pas. Carrière excelle à saisir ces lignes, leur direction et leur convergence ; il ne fait pas un groupe
de personnages juxtaposés, qui restent séparés les

uns des autres ; il les ordonne comme un ensemble, comme un tout qui a sa forme et sa vie propre. La mère n'est pas détachée de l'enfant qui repose en ses bras, qui se suspend à son sein ou qui, plus grand, s'unit à elle par la caresse, par le baiser ; une même vie les anime. La famille est comme un être réel, concret, aux formes multiples mais organisées, dont l'unité mobile est dans les émotions communes qui en groupent spontanément les membres.

Carrière n'est pas seulement préoccupé de voir le groupe comme un tout, il apporte le même esprit de synthèse à la composition générale de son œuvre ; il n'y a pas pour lui de lignes ni de contours distincts des masses, il ignore la mosaïque des morceaux successifs ; il voit d'abord son tableau tout à la fois, de loin, dans son effet général. Sur un croquis, pour donner l'idée de ce qu'il fera, il délimite par quelques traits les clartés les plus fortes, puis avec de l'encre ou du fusain étalés il établit les ombres, çà et là, les rappels de clarté, les passages, et c'est cette vision générale que peu à peu il précisera. Son tableau, dès le principe, est un tout ; il est d'abord défini dans la loi de sa construction, il se crée comme simultanément, à la façon de l'être vivant, par un enrichissement progressif. Aussi il n'y a pas pour lui de détails, d'accessoires ; son œuvre ne se fait pas de pièces rapportées ; les groupes dans leur unité, les masses dans leur équilibre, les lumières et les ombres dans leurs rapports nécessaires, lui donnent d'abord la vision d'ensemble dont il lui reste à s'emparer par un travail successif.

Le *Premier Voile* est l'une des œuvres maîtresses de Carrière, celle peut-être qui, par l'exécution comme par le sentiment, provoque le moins de résistance. Sa puissance expressive y est tout entière ; son art de construire les groupes, de les relier par l'atmosphère, de composer le tableau dans son ensemble par les rapports de la lumière et de l'ombre s'y révèle sans parti pris, sans manière. Les personnages ont été surpris dans leur attitude vraie ; sous le coup de la même émotion, chacun trahit sa nature, son expérience, son caractère. La lumière d'une matinée de mai entre dans la pièce demi-close, la remplit de ses vibrations, tour à tour elle s'apaise ou s'exalte, reculant les fonds, mettant les choses à leur plan, donnant à la scène l'unité d'une pensée vivante, dont les images précises s'accompagnent sourdement de sentiments obscurs, de souvenirs confus. Debout, vêtue de la robe blanche, la fillette, de profil, lève la tête, cherche le ciel, affronte la vie d'un regard plein de certitude ; derrière elle, attachant le premier voile, se tient la mère, jeune, charmante encore, mais qui déjà sait ce qu'il reste des fleurs d'un printemps. A sa robe, le dernier-né, qui se traîne à peine, s'accroche et, demi-caché, jette un œil effaré sur la grande sœur qu'il ne reconnaît plus. Près de la table, où se voit le livre de messe, le mouchoir, un bouquet dans un vase, trois enfants regardent ; fermant le tableau, les grands-parents qui viennent d'entrer et que le chien salue d'un aboiement joyeux : le grand-père un peu embarrassé dans sa redingote, un libre penseur qui sait à quoi s'en tenir, la main à la barbe, s'étonne de se sentir ému ; tranquille, gardant la lassitude des jours vécus, la grand'mère éprouve vaguement la ressemblance des jours de fête aux jours de deuil ; de l'autre côté, assise près de la fenêtre, caressée par une clarté douce, une jeune fille blonde achève de coudre les dernières roses de la couronne, et par l'arabesque des lignes, qui se continue sans se rompre, par les accords du milieu lumineux qui les baigne, tous ces êtres conspirent dans un être unanime, dont l'âme est la communion dans un même sentiment.

Quand on parle du métier d'un artiste, il ne faut point oublier que ce métier est son esprit même, qu'il n'est pas quelque chose de donné, qu'il est quelque chose qui se fait. Cette évolution a sa logique sans doute, mais une logique vivante, dont le travail seul dégage la loi, une logique contingente peut-être, liée à certaines décisions, à certaines

crises de la volonté. Il ne manque pas de gens qui
ne regardent les œuvres d'un peintre qu'au moment
où son nom est dans toutes les bouches : volontiers
ils déclarent qu'il fait toujours la même chose.
Carrière a beaucoup travaillé. Ceux qui s'imaginent qu'on imite les procédés d'un artiste ne savent
pas au prix de quel labeur, de quelle discipline se
conquièrent les libertés qu'ils se flattent d'obtenir
d'emblée par le plagiat. J'ai vu chez Carrière un
album rempli de dessins d'architecture, d'ornements
divers, de fleurs, qui par leur précision, leur fini
semblent les préparations d'un graveur.

Après les cinq années de travail sans trêve dans
la petite maison de Vaugirard, auxquelles il faut
joindre les longues années d'école, dès qu'il entre en
possession de son talent, il est lui-même ; il montre
avec des défauts, dont il se débarrassera — une
certaine sécheresse, quelque chose de timide et de
contraint — ses qualités de sincérité, d'expression,
et les grands partis pris qui caractérisent sa manière
de voir et de sentir la nature (*). Déjà il néglige la
diversité des tons pour s'attacher aux valeurs, il
peint avec la lumière et l'ombre, mais il a des
heurts, des duretés, il ne réussit pas les harmonies
délicates qui seront le charme sensible de ses

(*) Portrait de sa mère (1876) ; portrait de son père avec une
petite fille (1882).

œuvres définitives. Un peu plus tard, vraiment maître de sa technique, la main assouplie, l'œil affiné, il peint des œuvres, où se trahit l'influence de Vélasquez, sans que son originalité en soit atteinte. Sur un fond neutre, assombri, il détache la blancheur nacrée d'un corps de femme, avec une grâce qui ferait songer à quelque maître du XVIIIe siècle, si la gravité qui se mêle à la caresse du pinceau n'éloignait cette comparaison (*). Il peint avec de la lumière toute pure, atténuée, mais sans une ombre, des têtes d'enfants, dont les yeux bleus s'éclairent de la flamme de la vie (**). Il a des touches libres, hardies, qui laissent voir comme le jeu de la main de l'artiste en verve. *L'Enfant aux géraniums* (1886) est un morceau de facture brillante, une des rares œuvres où Carrière semble faire montre de virtuosité. D'un pot de géraniums placé devant lui un enfant a pris des fleurs, que de ses deux petites mains il porte à ses oreilles en riant de tout cœur. Il est à mi-corps, vêtu de noir avec une large collerette blanche, que la pénombre apaise, et, sur le fond sombre, comme les yeux, comme la bouche, les tons argentins du visage, des mains encore potelées, rient d'un rire auquel se

(*) *Études de nu* appartenant à MM. Galimard, Pontremoli, Manzi, etc.

(**) *Tête d'enfant. Portraits d'enfants* appartenant à M. Galimard.

mêlent les éclats des deux fleurs aux tons vifs d'un rouge orangé.

Mais, sans qu'il y ait ici de passage brusque, de date précise à marquer, avec des retours à son premier procédé, Carrière, en obéissant à la loi de son esprit, à son goût pour l'unité, de plus en plus renonce à la méthode des contrastes qui oppose le fond à la figure qui s'en détache. Il y a sans doute pour lui dans ce dualisme quelque chose encore d'artificiel. Au lieu d'opposer le fond et les personnages, il les unit, il les mêle, il les fait comme participer d'une même vie. Il n'enlève plus ses nus sur des fonds sombres pour en faire valoir les blancheurs ; la forme s'apaise, s'enveloppe dans l'atmosphère qui pénètre ses contours comme elle en reçoit le rayonnement. Le fond n'est plus quelque chose de neutre, d'indifférent, d'étranger aux personnages qui en sortent on ne sait pourquoi ; il est un des éléments essentiels de l'œuvre ; en concourant à son équilibre, il conspire à l'expression, il a son sens, sa valeur morale, il est conçu dans son rapport à la scène qu'il enveloppe ; ce ne sont plus seulement les lignes, les formes, les groupes, c'est le tableau tout entier qui est conçu dans l'unité d'une vision dont tous les termes sont inséparables.

Le *Théâtre de Belleville* montre ce principe poussé à ses conséquences dernières. La tentative a pu être contestée ; elle est curieuse et nous aide à entendre les préoccupations de l'artiste. Le tableau ne se découpe pas en groupes définis qui se subordonnent, il est vu tout à la fois ; le personnage est un être collectif, — la foule — palpitant de la même émotion, les yeux remplis du même spectacle. Nous embrassons du regard deux galeries superposées qui dominent la scène invisible ; près de nous, une femme, appuyée à la voûte basse, se penche avec l'élégance d'une cariatide svelte et vivante ; un vieil ouvrier, fatigué du travail du jour, s'absorbe dans l'intérêt du drame qui se joue. Là-bas, une femme allaite un nourrisson ; çà et là, de toutes parts, dans l'ombre dorée, s'indiquent des gestes qui varient l'expression de la même attention, de la même curiosité passionnée. Les figures ne sont pas étudiées chacune pour soi, elles n'ont de sens que l'une par l'autre, elles sont saisies d'un coup d'œil, elles se mêlent au milieu, à la buée qui monte, elles en sortent ; c'est le théâtre même qui vit, qui pour un instant fait corps avec la foule qui l'anime.

La pensée n'a pas paru assez formulée ; l'œil du spectateur, en raison même de l'unité voulue, ne s'est pas senti assez dirigé, il n'a pas su trouver son centre dans cette vaste toile ; mais cette œuvre, qu'il sera bon de revoir, n'est pas, comme quelques-uns l'imaginent, une grande esquisse ; l'auteur a

effacé plus d'un de ces détails qu'on regrette, et il a employé à cette simplification des années de réflexions et d'efforts.

VI

Pas plus que le métier d'E. Carrière, ses œuvres ne sont détachées de son esprit. Il est des artistes tournés vers le dehors, qui demandent leurs sujets à la mode, ils peignent selon les temps, des grecs ou des rustres, des déesses ou des maritornes ; Carrière est un réfléchi, un intérieur, il ne voit que ce qui l'émeut, il ne peut exprimer que ce qu'il sent. Il est d'abord le peintre de la famille, il dit naïvement ce qui le passionne ; ses toiles réfléchissent les objets qui occupent sa pensée et son cœur : « Il trouve, dit Geffroy, la poésie de son imagination et l'aliment de son talent dans un espace restreint, il voyage à l'infini à travers le monde qui tient dans la lumière et l'ombre d'une chambre, sous l'orbe d'or d'une lampe. » A mesure que la sphère de sa pensée s'agrandit, que sa sympathie plus clairvoyante multiplie ses rapports d'intimité avec les êtres, de nouvelles visions répondent à ses émotions nouvelles, il devient le rare portraitiste que l'on sait, il met dans ses nus, dans ses figures décoratives d'un grand caractère l'inquiétude de ce temps, il évoque la vie des humbles dans son *Théâtre de Belleville,* il dit dans son Christ le sacrifice volontaire de l'homme juste, il cherche dans les paysages synthétiques qu'il ose, cette correspondance des formes qui lui montre en tout la présence d'une pensée, sœur de la sienne. Il ne se laisse pas enfermer dans un genre par le succès ; désintéressé, il est libre ; il réserve son droit au progrès. Il plie son langage pittoresque à des exigences nouvelles, il sait trouver dans sa simplicité la grandeur comme il y a trouvé la tendresse et la grâce, il le justifie par tout ce qu'il sait lui faire exprimer de la nature et de l'âme.

Peintre de la famille, Carrière ne tombe ni dans l'anecdote ni dans le roman ; il ne fait pas jouer à de petites marionnettes la comédie enfantine ; il n'exagère, il ne fausse, il ne souligne rien ; il fait sortir la poésie de la vérité, l'éloquence de la justesse expressive. Mais cet observateur, ce « réaliste » n'est pas seulement un lyrique et un passionné ; comme tous les grands artistes, il choisit, il généralise ; il fixe, il arrête les gestes primordiaux que toute vie rajeunit et renouvelle.

Nul n'a parlé, comme lui, de l'enfant, parce que nul plus que lui ne l'a pris au sérieux, ne l'a respecté. Ses enfants ne se défendent pas de lui, ils ne se sentent pas épiés, surveillés par un pédagogue qui prend des notes ; ils ne posent pas, ils vivent devant leur père, sans souci des croquis rapides où il résume ces visions passagères. Carrière ne veut pas la vie figée en attitude, il veut la vie dans sa liberté, le geste franc de l'être qui n'est point observé, le mouvement d'instinct qui trahit la nature dans sa vérité profonde, « l'impression vierge des choses (Maurice Hamel) ». Il aime les tout petits, le bébé qui s'éveille à la vie, ses surprises, sa maladresse et sa grâce ; ses effrois de petit animal farouche qui soudain se blottit dans le sein maternel. Pour les peindre, il évite les contrastes, les oppositions. Sur un fond blond, où jouent les cheveux bouclés et fins, d'un frottis léger, il indique un visage où le sourire des yeux se marie au sourire des lèvres roses ; sans une ombre, sur un fond de lumière, il modèle en tons argentins le front qui bombe, les joues rondes, le nez sans arête au lobe charnu qui retrousse, la bouche entr'ouverte, des têtes qu'on sent inachevées, en train de se construire, mais où déjà se devine le plan de la forme future (*).

Il suit l'enfant qui grandit, il assiste à ses jeux, à l'éveil de sa pensée, il note ses attitudes, celle de l'étonnement, celle de l'attention et celle de la rêverie vague qui est sa manière de réfléchir. Les deux

(*) *Études* appartenant à M. Dolent, à M. Galimard.

bras recourbés en berceau, les yeux fixés sur sa poupée, la fillette s'exerce aux gestes maternels ; auprès d'un bouquet de pâles chrysanthèmes, une petite fille est assise, un livre est ouvert devant elle, mais ses yeux levés sont à d'autres spectacles ; penchée sur une table que recouvre une toile cirée blanche, détachant sur le fond son clair et pur profil, cette autre écrit avec une attention qui raidit son corps et crispe ses doigts sur la plume ; caressé par une lumière douce, qui se pose sur le front, s'adoucit sur le bas du visage, s'apaise sur le cou en une ombre transparente, la toute jeune fille, les yeux plissés, la bouche entr'ouverte, rit à la vie sans savoir, pour le seul plaisir d'être et de sentir couler le sang jeune qui met à ses joues le rose léger du printemps en sa première fleur.

Avec le même art fait de sentiment ingénu et de réflexion, qui élève l'observation à la généralité du symbole, Carrière dégage et note les gestes élémentaires de la maternité. Il a peint la mère dans toutes ses fonctions ; il l'a montrée, au premier né, pure, virginale, émue et comme surprise de la vie qu'elle vient de donner, dans ces attitudes nouvelles où je ne sais quel embarras se mêle aux certitudes de l'instinct. Déshabillé, demi-nu, l'enfant est sur ses genoux, il s'est endormi en caressant de la main son visage, et elle s'attarde avec une joie pure à cette caresse lente que le sommeil interrompt et prolonge (*le Coucher*) ; assise auprès d'une table où brille une assiette d'étain, elle enveloppe de ses deux bras le tout petit qui, dans sa robe de chambre grise, collé contre elle, dort d'un sommeil fiévreux ; immobile, les yeux clos, pressant de ses lèvres la tête brûlante, elle est l'âme qui souffre cette souffrance (*Amour maternel*).

L'amour n'est pas toujours plus fort que la mort, les séparations brutales font des déchirements que tout mouvement désormais trahit à l'œil attentif. Carrière n'a pas pu l'ignorer. Il a montré la mère douloureuse, qui sait la fragilité de la vie, les menaces du destin, qui dans ses joies mêmes porte l'inquiétude d'une absence vaguement sentie. Sous des titres divers, dans des toiles nombreuses (*l'Allaitement — le Baiser — Mère et Enfant*), il a noté tous les gestes où s'exprime l'unité de la double vie, dont les invisibles racines ne se démêlent que lentement : le baiser brusque de l'enfant, le baiser lentement savouré de la mère qui se penche sur le berceau, la caresse frémissante, presque tragique, où les lèvres s'avancent, où la main saisit le visage, l'approche, où le corps tout entier se plie à l'élan d'une prise de possession impérieuse.

De la maternité il n'a pas fixé seulement les gestes humains, il a évoqué ce qui reste en elle de la fécondité des forces élémentaires, de la loi mys-

térieuse qui fait monter le lait dans la poitrine de
la femme, comme la sève dans le cœur et jusqu'à
la cime des chênes. *Le Sommeil* a surpris la mère
tandis qu'elle allaitait l'enfant. Sur le fond sombre
que rompent les blancheurs froides des draps, de
l'oreiller, que réveillent les tons dorés de l'épaule
et du sein gonflé, le groupe détache fièrément sa
forme sculpturale. Dans un geste de lassitude et de
protection, la tête posée sur le bras gauche, abri-
tant sous son bras droit l'être inachevé qui se fait
de son sang, la mère s'est endormie : modelé à
grands plans, émargeant de l'ombre transparente
dans laquelle il est comme taillé, le visage de la
femme a la gravité des instincts profonds où la
conscience n'atteint pas. Puissante et accablée,
paisible et douloureuse, cette grande figure, dans
le rude labeur de transmettre la vie, mêle le
tragique des forces naturelles à l'héroïsme humain.

Le cercle de famille s'étend, les tout petits
sont devenus les grands, les aînés ; groupés autour
de la mère, partageant sa tendresse, frères et sœurs
déroulent le chœur familial où se trahissent les
correspondances secrètes qui, comme les rameaux
d'un même tronc, les relient dans l'unité d'une vie
commune. Carrière a multiplié ces scènes, où le
même sentiment, joie, tendresse (*Famille*), inquiétude (*l'Enfant malade*), attente solennelle en un

jour de fête (*le Premier voile*), varient ses nuances, de plusieurs êtres compose le groupe vivant qui a son âme, sa forme individuelle. « Une mère se penche, soutient d'un bras le bébé qui embrasse sa grande sœur ; la fillette à genoux, résignée et souriante, les bras au long du corps, se livre avec un abandon de tendresse à la prise tâtonnante des petites mains, à cette douce violence de caresse. Ainsi rassemblées dans une intime cohésion, les figures se composent d'elles-mêmes suivant de souples inflexions, avec l'harmonieuse beauté des gestes d'instinct où l'artiste qui sait voir et choisir trouve une grâce supérieure aux arabesques préméditées. Une lumière paisible descend sur le groupe et l'enveloppe de ses effluves : elle différencie par de fines valeurs le teint ambré de la mère, les carnations laiteuses de l'enfant, le rose tendre de la fillette et ses cheveux blonds : par d'insensibles dégradations, elle glisse sur le plein des formes, circule en transparences légères dans l'intérieur où s'indiquent les objets familiers. Un charme profond et vrai de tendresse confiante enveloppe cette toile d'évidente *Intimité*. » (Maurice Hamel).

Carrière a donné comme la synthèse de ces scènes de famille dans sa belle toile du Musée du Luxembourg, qu'il intitule : *Maternité*. C'est le baiser de la mère, la caresse où passe l'ardeur de son amour inquiet. Jamais il n'a poussé plus loin la puissance expressive du geste, l'art de composer un tableau dans son ensemble sans affectation de symétrie, de dominer la réalité, en ne paraissant que la reproduire. Les êtres et le milieu ne se laissent point séparer, participent de la même vie. La lumière entre dans la pièce close, l'anime de ses vibrations, l'approfondit ; elle se perd, se retrouve, mais, dans son apparent caprice, elle obéit aux lois de la vision qui atténue ce qu'elle ne fixe pas ; pénétrant l'ombre même, elle laisse deviner les meubles, les tableaux accrochés au mur, recule la petite fille qui s'éloigne ; puis, se ramassant sur ce qui doit être vu, elle enveloppe et détache le groupe autour duquel tout s'ordonne ; elle modèle en tons argentins la main vivante, mobile, qui s'allonge pour soutenir le tout petit ; le profil douloureux, passionné de la mère qui se penche, avance la tête, pose ses lèvres sur les joues du gros garçon aux boucles blondes qu'elle attire d'un mouvement de possession jalouse.

Cet art, qui semble à quelques-uns si loin de la nature, en un sens est un art réaliste. Carrière dans ses œuvres dit ses joies, ses tendresses, ses amours : cette femme est la sienne, ce bébé endormi est l'enfant né à la maison qui tout à l'heure, au réveil, l'égaiera de son sourire ou la troublera de ses cris. La poésie n'est ici que la justesse et l'intensité d'une observation que le sentiment concentre sur l'expressif. La forme n'est à ce point émouvante que parce qu'elle est surprise par un œil attentif et prompt dans la sincérité du mouvement spontané ; la lumière qui tour à tour la construit, la recule, l'enveloppe, n'est point une lumière inventée certes ; « c'est le milieu de son rêve, le choix de son esprit, cette harmonie voilée, où rien ne s'évapore, où tout s'affine », mais l'artiste l'a observée dans les petits intérieurs parisiens, à l'heure où tout s'assoupit et s'apaise, et c'est d'éléments vrais « qu'il a créé cette ambiance idéale, émanée du réel, où la nature se transpose dans tous ses logiques rapports. » (Maurice Hamel). Carrière ne vise ni le symbole, ni l'idéal abstrait ; il regarde en lui et autour de lui, il sait voir ce qui se passe sous ses yeux ; il ne s'émeut pas de ce qu'il imagine, il imagine ce qui l'émeut. Mais dans toute émotion sincère et profonde, il y a quelque chose d'universel : parce qu'il est pleinement lui-même, Carrière est humain. Sans la chercher, à force de justesse dans la notation singulière, il généralise, il montre la loi sous l'accident. Les maîtres de la Renaissance, à la suite du Vinci, volontiers transposèrent la légende chrétienne dans des scènes familières qui ne laissaient que le miracle de l'amour humain ; Carrière, pour fixer les gestes primitifs où se trahit l'instinct des mères, élève les scènes familières jusqu'au symbolisme reli-

gieux, nous fait sentir ce qu'a de mystérieux et
de divin la transmission de la vie qu'achève dans
le don conscient de soi-même le sacrifice volontaire.

VII

Une insensible transition relie les portraits de
Carrière aux tableaux où il déroule les attitudes de
la vie familiale. Ses compositions ne sont pas de
pures fictions, elles nous montrent librement inter-
prétés les visages qu'il connaît et qu'il aime ; beaucoup de ses œuvres, sans titre bien défini, sont
de pures études d'expression. Les cheveux dénoués,
de chaque côté du visage, se répandent en noires
ondulations, et dans les yeux grands ouverts,
sombres sous le front lumineux, troublés de je ne
sais quel délire, semble fixé le dernier regard des
mères sur l'enfant qui déjà n'est plus qu'une chose.
Un peu lasse, la femme s'est accoudée dans un
fauteuil, sa tête penche soutenue de la main gauche,
et elle s'abandonne à la vague rêverie où dans le
lointain passent les images d'autrefois ; elle est
jeune encore, les douleurs anciennes se sont assou-
pies ; les yeux calmes et profonds s'ouvrent sur
l'âme vaillante et résignée ; la bouche aux lèvres
pleines est sérieuse mais prête à sourire encore, il
lui reste l'amour, le dévouement, la joie des autres.

L'œuvre est peinte avec la sûreté des maîtres, la tête et la main sont modelées dans une pâte argentée, et cette harmonie de sensations simples dégage quelque chose de consolant et de fort (*). Le portrait n'est pas pour Carrière un genre à part, il est impossible de dire strictement où il commence, où il finit.

Ceux qui croient que le plus grand peintre est celui qui copie le plus exactement son modèle se trompent ; à la ressemblance machinale un procédé mécanique suffit. Tout grand artiste est dans son œuvre, ajoute à la réalité l'interprétation qui en renouvelle en nous l'intelligence et le sentiment. Si les scènes d'intimité, auxquelles Carrière se plaît, sont, en un sens, des portraits expressifs ; quand il est en présence d'un modèle, il apporte à le peindre le même esprit, la même préoccupation de la vie intérieure. De Clouet à Latour, notre école française offre une suite de portraits finement observés, spirituels ; mais ils nous montrent surtout l'homme social, l'homme qui, sous les yeux des autres, se surveille et tient à faire bonne figure. De même qu'en ses scènes de famille, Carrière, en ses portraits, voudrait surprendre la vie dans ce qu'elle a de libre, de profond, de spontané ; il attend que le modèle s'oublie, retrouve la franchise

(*) Études appartenant à M. Pontremoli, à M. G. S.

de la solitude. « Avez-vous remarqué que l'homme
qui se croit seul, qui ne sait pas qu'il est vu, toujours est émouvant, dramatique ? Dès qu'il se sent
observé, il redevient artificiel, social, il dissimule ».
Son ambition est « de fixer un peu du moral d'un
être » ; tout le temps qu'il peint, « il a la pensée
qu'il a à rendre des formes habitées ». Derrière
l'homme apparent il cherche l'homme réel, le
caractère qui décide la destinée. Pour atteindre
ainsi l'invisible, il ne se contente pas de copier
d'une tête un aspect superficiel ; selon son principe,
d'abord il la construit, il en étudie la charpente et
l'ossature ; à la façon du sculpteur, il en établit les
dessous et les plans, ce qui supporte le reste, et
c'est ce masque en relief qu'il anime. « L'homme,
selon ses fortes paroles, n'est pas une fonte, l'homme
est un repoussé, il est repoussé à grands coups
frappés du dedans ».

Carrière a quelques portraits célèbres, celui du
sculpteur Devillez a commencé sa réputation. J'ai
été le revoir, mon attente a été dépassée. Les harmonies à la fois délicates et fortes, l'équilibre
savant des masses, le lien de la figure au milieu
qui l'enveloppe, et, sous l'insistance du regard, les
détails heureux, les réussites du peintre en verve,
en font une œuvre qui peut affronter toutes les
comparaisons. On y sent dans la maîtrise déjà la
générosité de l'artiste jeune encore qui donne sans

compter et répand librement sa richesse intérieure.
— La séance s'achève ; au centre de la vaste toile,
le sculpteur est debout ; le corps mince, serré dans
un jersey aux tons de velours noir, s'allonge, monte,
porte le regard vers la tête fine, encadrée d'une
barbe rousse, où le travail de la pensée se continue,
tandis que les mains souples, vivantes, habituées
aux touchers délicats, pétrissent encore la glaise
humide. Dans le geste, sur le visage, une inquiétude, un doute qui ne se dissipe pas, évoque l'idée
d'un Hamlet qui rêve la beauté au moment même
où il la veut créer. Tout aux images qui l'occupent,
l'artiste ne sent pas le beau levrier qui, ramassé,
prêt à bondir, le pousse de la tête, et sollicite une
caresse. A gauche, sur la selle du sculpteur, derrière un verre de cristal, un groupe de plâtre, une
nymphe dont le torse se renverse, une de ces
natures mortes, dont Carrière a le secret, que le
sens exquis de la lumière transfigure et spiritualise ;
à droite, dans la pénombre, le modèle se prépare à
se rhabiller, le bras tendu, le corps penché en avant,
un corps savamment modelé, dont les tons ambrés
se pénètrent de clartés douces, et dont l'œil jouit
sans presque y songer, tant il demeure à son plan ;
subordonné dans sa beauté même à l'unité de
l'œuvre qu'il achève.

Carrière varie ses procédés selon ses intentions
et le caractère de son modèle : il peint dans la

lumière les portraits de Roger Marx, de Galimard,
d'une tonalité blonde, argentine ; il sculpte dans
une ombre presque tragique le masque de son
élève A. Berton, où se trahit l'attention inquiète de
l'homme condamné à la solitude dans la société de
ses semblables ; il construit la tête solide de son
ami Geffroy par plans nets, le front dur et puissant
en relief, les yeux enfoncés dans l'arcade sourcilière, le regard direct, une tête où se marque la
tension d'une volonté forte qui contient l'ardeur du
sentiment. Volontiers il assied des enfants autour
d'une table, devant un livre d'images, les frères et
les sœurs, du tout petit au visage de lumière, aux
yeux de pervenche, à l'aîné dont les traits déjà
s'accentuent et se précisent (portraits des enfants
de Galimard, de Frantz-Jourdain); il associe l'enfant avec la mère ou l'aïeule (portraits de Madame
Caplain, de Madame G. S.); il groupe un père et sa
fille dans une attitude de tendresse, faisant res-
sortir l'expression par le contraste, éclairant d'un
jour inattendu cette vie qui se dédouble, se prolonge
et refleurit en une vie nouvelle. C'est ainsi qu'il
a peint, avec des nuances qui les distinguent, les
beaux portraits de Jean Dolent, d'Alphonse Daudet,
de G. S.

Le portrait de Dolent encadre les personnages
dans un milieu vivant où l'air circule, où la lumière
baigne les figures et les objets familiers, les enve-

loppe et les accorde, les noirs saturés de la redingote, les blancs et les roses dont est vêtue la fillette,
l'éclat ambré des visages, l'or atténué des cadres,
la faïence de la cheminée, les fleurs pâles, la sta-
tuette de bronze, un petit monde de choses visibles,
qui toutes à leur plan se fondent dans l'unité qui
les harmonise. La scène répond à l'intimité du
milieu ; Dolent assis, la main fine pendant du dos-
sier de la chaise, songe ; il a vécu et aux souvenirs
qui montent le visage se voile d'une mélancolie
sans amertume ; près de lui, la fillette, toute lumière,
comme une apparition, la main gauche sur le genou
de son père, de la droite, qui tient une fleur, aguiche
le griffon aux longs poils qui, joueur, se renverse
sur le dos et la regarde.

Jean Dolent se présente ainsi dans le rayonnement apaisé des images qui se mêlent incessamment à sa pensée. Je garde le souvenir du dimanche
ensoleillé où, ayant gravi la colline de Belleville, j'ai,
pour la première fois, pénétré dans l'ermitage hos-
pitalier. La maison, une maison de banlieue, oubliée
avec quelques autres dans ce coin de Paris, est au
fond d'un petit jardin. On entre ; le corridor étroit,
sur ses deux faces, est couvert d'études choisies ;
la salle du rez-de-chaussée est ceinte de tableaux,
dont le portrait de Verlaine par Carrière, dans
l'escalier tournant, étroit, des dessins grimpent le
long du mur sombre ; dans les chambres, pas de

meubles, mais partout accrochés, retournés, sans cadre, comme en liberté, des toiles, le *Saint Gérôme* de Delacroix, un des plus beaux portraits d'homme qu'ait signés Mirevelt, des notes curieuses, des œuvres rares, et de prix, — tout cela à l'abandon, dans un désordre à demi-voulu, pour retrouver peut-être la surprise de la découverte dans la possession. Et le couronnement de cet étrange musée, c'est, de la petite terrasse, la vision soudaine d'un Paris prodigieux, qui s'étend, s'allonge, ondule, avec la respiration sourde d'une bête monstrueuse, tantôt noyé dans une brume d'un gris bleu, tantôt frémissant dans le poudroiement d'or des soleils couchants. Jean Dolent s'est appelé à bon droit « l'amoureux d'art ».

Le portrait d'Alphonse Daudet est célèbre : la vérité est qu'il en existe deux. Avant que le peintre eût achevé le premier, sa beauté tragique effrayait la famille qui ne pouvait consentir à cette effigie douloureuse. Des deux, le premier reste le plus émouvant et le plus beau. Ceux qui veulent voir comment Carrière dessine dans ses bons jours n'ont qu'à étudier ce visage émacié, le modelé du front dans la lumière, l'enchâssement de l'œil, la saillie de la pommette, l'arête du nez. La justesse avec laquelle les plans sont établis, donne à cette tête le relief d'un masque moulé. Daudet, en veston de velours noir, est à demi étendu sur un sofa, sa main longue, amaigrie pose sur un coussin, la bouche porte le pli et comme la torsion des souffrances qui trop souvent l'ont contractée ; il détourne sa tête pâle, et de ses yeux un peu troubles de myope regarde dans le vide. Comme une tige vivace se détache du tronc à demi-séché qui penche, la fillette brune, dont il tient la main dans la sienne, debout, monte vers la lumière et la vie. Le visage, modelé avec une sorte d'acuité par la maladie, laisse deviner la beauté d'autrefois, les cheveux bouclés, la barbe soyeuse, le nez aux ailes frémissantes, les sens grands ouverts aux parfums, au son, à la lumière ; ce cœur sans haine, cet esprit charmant où passent de claires images, s'étonne du mal qui lui est fait, il ne se révolte pas contre le destin, mais la douleur est une étrangère, il ne l'accepte pas, il la subit comme quelque chose d'absurde et d'humiliant.

Dans le second portrait, comme me le disait Carrière lui-même, Alphonse Daudet n'est plus seul, livré à sa pensée, il est en présence des autres, il s'observe, il se défend et la douleur ne s'exprime plus que par l'effort même pour en contenir l'expression. L'écrivain n'est plus dans le négligé du matin, il se redresse, le monocle à l'œil, il assure son regard, et il se tourne vers la petite fille qui, d'un geste câlin, s'incline et s'appuie contre sa poitrine. Ces deux portraits, si différents et si vrais,

nous apprennent ce qu'est la ressemblance pour
un artiste, qu'il ne la copie pas, qu'il la discerne et
la choisit, que, selon l'émotion qu'il reçoit de son
modèle, sa composition tout entière, dans ses lignes,
dans son ordonnance, se modifie, se transpose.

Les portraits de femmes de Carrière achèvent de
montrer ce qu'il y a de souplesse, de ressources,
de variété dans cet art, que son originalité a fait
accuser d'être uniforme. Ici encore il garde le goût
du recueillement, il se plaît à surprendre l'être
dans sa vie intime, loin des regards curieux ; mais,
sans sortir du langage simplifié qui est le sien, il
sait y mettre des accents inattendus, la tendresse,
la grâce, la fierté, l'élégance, mille nuances du
charme féminin.

Une jeune femme en robe de bal est à demi
étendue sur un divan dans une pose légère, à peine
appuyée, où se trahit une vague inquiétude ; la
main fuselée, aux doigts fins, s'allonge sur un coussin ; des fleurs aux teintes pâles meurent sur un
guéridon ; la bouche mêle à son demi-sourire une
habitude ancienne de tristesse. Un long boa de
fourrure noire court autour du corps, en accom-
pagne les ondulations ; les blancs satinés de la robe
lamée d'argent se marient aux roses pâles des
rubans qui, çà et là, s'égrènent sur le corsage, sur
la jupe, sur le coussin, et de cette richesse des
choses se compose une harmonie discrète, comme

si elle ne nous arrivait qu'à travers la mélancolie d'une âme qui en sait le néant (Portrait de Mme G.).

Sans couleurs brillantes, avec des sensations atténuées, Carrière sait rendre de la femme la grâce heureuse, involontaire, dont la fleur semble appeler l'éclat des tons joyeux. Peint dans des tonalités grises, de parti pris éteintes, le portrait de madame Arthur Fontaine montre comment l'artiste sait trouver dans son langage les nuances délicates, les harmonies caressantes qui lient le charme de l'œuvre à celui du modèle. Debout, la jeune femme émerge de la pénombre qui de bas en haut s'allège, se pénètre de clarté, réveille les tons vert pâle de la robe, baigne dans une lumière douce le visage dont les yeux et la bouche vont sourire ; pris dans des manches bouffantes, les bras nus s'arrondissent pour attacher un bouquet à la ceinture, et la tête aux cheveux légers, vers laquelle le regard monte avec la lumière, posée sur le col fin, est la fleur rare qui accomplit la forme du vase aux lignes fragiles et pures.

Dans ses portraits, comme dans ses tableaux, Carrière volontiers rapproche la femme de l'enfant, donne au groupe une structure, une forme où se symbolise l'unité de cette vie qui se multiplie sans se perdre. Dans son admirable *Famille,* il fait des enfants à la mère une couronne, une parure ; en eux il la glorifie ; toutes les lignes dans leur arabesque savante partent d'elle, y ramènent, et de celui qu'elle serre encore contre son sein à la jeune fille au fin visage, c'est sa vie qui recommence, c'est l'image d'elle-même qui se répète, ce sont ses sentiments qui refleurissent au printemps de ces âmes allumées à la sienne. Il détache l'enfant de la mère comme le rameau du tronc, et de la grâce fait naître le charme ingénu ; près de la grand'mère assise, lasse d'avoir vécu, dont les vêtements noirs évoquent les deuils anciens, il met debout la petite fille au visage clair, aux yeux riants, à la curiosité confiante, qui ne sait pas tout ce qu'elle pourrait apprendre d'elle-même et de son propre destin, rien qu'à se retourner vers le visage tendre et grave de l'aïeule (Portraits de Mme G. S., de Mme C.).

Ceux qui ont vu Carrière travailler, qui de la conception à l'achèvement ont suivi quelques-uns de ses tableaux, de ses portraits, assisté à leur lent et douloureux enfantement, savent ce qu'il faut penser des critiques naïfs qui regrettent parfois que ces « esquisses » magistrales n'aient pas été plus poussées. Carrière ne va pas de la partie au tout, il ne peint pas par morceaux, il n'avance pas sagement, prudemment du front aux yeux pour continuer par le nez ou les pommettes ; à la façon du sculpteur, il construit son tableau d'ensemble, il en équilibre les masses, il en établit les plans, peu à peu il dégage la figure des fonds, il enlève

comme les voiles successifs qui la cachent et lui
dérobent sa pensée. Dans cé travail simultané il
n'est jamais sûr de rien, il remet tout sans cesse
en question ; son œuvre vit en lui et il vit pour
elle ; il cherche son procédé dans son sentiment,
c'est en insistant sur l'idée qu'il espère la voir
se créer son expression ; son travail est un effort,
une attente, un appel au génie mystérieux qui
jamais ne dit tout son secret. De son œuvre il sait
d'abord l'impression qu'il en attend, ce qu'elle doit
dire, ce qu'elle doit révéler d'un caractère, exprimer
de la réalité invisible, et c'est ainsi qu'il va vers
ces visages, pénétrés de vie intérieure, que, ses
assises fortement établies, il peint un regard et ces
bouches étonnantes, ces bouches mobiles, frémissantes, qui sourient et qui parlent. Après tant
d'efforts, qui ne seront pas soupçonnés, quand il
est arrivé à son but, il s'arrête, sans se soucier des
précisions superficielles qui limiteraient la vie
morale qu'il a tant cherchée.

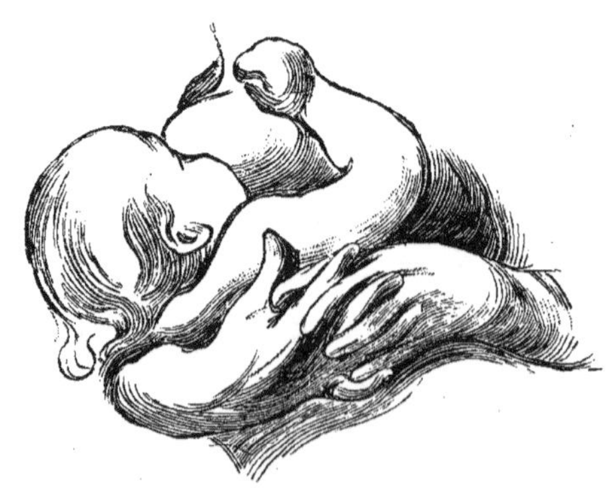

VIII

Carrière ne pouvait rester indifférent à la beauté
de la forme humaine. La chair, comme le marbre,
se pénètre de lumière, elle se modèle, elle se construit par les oppositions, par les passages délicats
de l'ombre à la clarté. Dans ses études de nu, son
sens subtil des valeurs, ses harmonies discrètes,
ses fonds qui reculent la figure, la détachent et
l'enveloppent, son émotion grave devant la vie
mêlent aux caresses de son pinceau je ne sais quel
aspect de la beauté morale qui spiritualise la grâce
des corps. Même alors, il n'oublie point qu'il a
à peindre « une forme habitée », et autant qu'aux
yeux il parle à l'esprit et au cœur. Il ne veut pas
qu'on regarde la femme avec des yeux indifférents
ou cruels, il n'est pas de ceux qui se plaisent à
souligner ce qui l'humilie. « Un modèle ! Quel mot
absurde ! un mot qui rend banal, vulgaire, ce qui
devrait être sacré. L'autre jour je disais à mes
élèves qu'ils devraient dessiner à genoux, religieu-
sement. Quand le modèle ouvre la porte de l'atelier,
c'est la nature qui entre : en face d'un beau paysage,

ils s'exclameraient, et ils accueillent d'un regard
ironique cette femme qui se dévêt devant eux, leur
dévoile la vie de sa beauté. Ce mot imbécile
de modèle abaisse les choses : on ne regarde pas
ou on regarde à peine ce modèle, et l'on fait une
académie, la même cette semaine que celle de la
semaine précédente, au lieu d'observer chaque fois
avec des yeux curieux, avides, cette forme dans
son caractère et dans sa nouveauté. »

Carrière, au début, a peint avec de la pure
lumière sur des fonds sombres de petites figures
nues d'une délicatesse incomparable. Il a égalé
vraiment les maîtres qui ont su le mieux donner
aux yeux le contact caressant de la chair, mais il a
relevé ce charme sensible par le recueillement, par
l'intimité, par l'espèce de surprise et d'admiration
devant la vie qui est la poésie de son œuvre. Dans
une ombre transparente, vaporeuse, il noie les
objets de toilette, un vase de fleurs, une psyché,
un bassin d'argent, et, par ces accents qu'appuient
les blancheurs froides et bleuissantes du linge, il
relie au fond, dont elle émerge radieuse, la figure
que modèlent des clartés argentines : une nuque
que n'eût pas désavouée Watteau, un corps dans
l'abandon du sommeil, un dos nacré que la lumière
caresse, une jeune femme assise sur son lit, la tête
penchée, la poitrine soulevée d'un souffle de jeunesse, le bras tout entier perdu dans la longue

chevelure noire qu'elle peigne, le visage, dont on cherche le sourire, n'exprimant que la mélancolie de sa vaine beauté.

La belle étude qu'il exposa en 1888 fait sortir du contraste un effet puissant : de dos, les cheveux répandus sur les épaules, la femme est à sa toilette ; sur le fond, dont les tons chauds rappellent la patine d'un vieux bronze, éclate avec magnificence la chair où s'indiquent les modelés larges, une coulée de lumière qu'agitent les palpitations de la vie, un corps riche, aux formes pleines, d'une belle matière dont l'argent s'avive et s'échauffe de tons fauves.

Plus tard, il n'oppose plus avec cette franchise la figure au fond pour l'en détacher, il ne cherche plus l'effet dans le contraste, il semble moins préoccupé du charme sensible, direct ; il renonce à la belle pâte, à la matière fluide, — quelques-uns le regrettent ; — son langage, pour répondre à des pensers nouveaux, se modifie, devient plus spirituel et plus abstrait. La figure ne tranche plus sur le fond ; au lieu de s'en séparer, elle y plonge, elle en naît ; elle est la forme vivante où la lumière se concentre, et, comme cristallisant ses fluidités, se précise en une apparition distincte. L'harmonie n'est plus faite d'éléments contrastés ; plus complexe, plus vivante, elle repose sur des rapports subtils ; moins intense, plus variée dans ses nuances, la sensation est toute pénétrée d'intelligence. Sans rien souligner, une lumière douce, enveloppante, poésie du silence et de l'intimité, modèle un dos de la nuque aux reins, et agite de toutes les palpitations de la vie, la forme amoureusement caressée (*).

Le changement dans le procédé ne fait que traduire la manière nouvelle dont l'artiste est ému devant la nature. Carrière obéit loyalement au progrès de sa pensée, il ne consent pas à se mécaniser, à reproduire ce qu'il ne sent plus. Ses premiers nus ont un charme de jeunesse, ils disent surtout le plaisir de regarder une belle forme dans le rayonnement de la lumière ; à mesure que la sensibilité moins prompte, plus liée à la réflexion, mêle l'idée aux images, l'artiste cherche et trouve dans la forme humaine le symbolisme d'une vie plus haute. Il sent mieux tout ce que le corps peut exprimer de l'esprit qui l'anime : dans le geste simple d'une femme qui se voile il met le tragique d'une âme. Les figures nues, par lesquelles il a personnifié les *Sciences,* dans sa décoration de l'Hôtel de Ville, d'une facture large, simple, fortement unifiée, n'ont pas seulement le rare mérite de se situer dans leur milieu, de s'accorder à l'architecture ; par leurs gestes graves, par leurs

---

(*) *Étude* appartenant à M. G. S.

attitudes inquiètes, par leurs courbes sinueuses, elles disent les angoisses, les tourments, les grandes lassitudes et les élans aussi de l'âme moderne, « toutes les curiosités et toutes les tristesses du savoir ».

Depuis quelques années, Carrière a été tenté par le paysage. Il a cru découvrir que tout parle le même langage, que les transparences du ciel et la fluidité des eaux, la structure de la terre, les ondulations des collines, l'élan des arbres, que toutes les formes, par des analogies plus ou moins lointaines, se lient à la forme humaine, sont expressives de la même pensée que l'artiste doit entendre et traduire. La terre, sans son vêtement colorié d'herbes ondoyantes, sans sa parure de fleurs, les arbres sans le couronnement des verts feuillages, le ciel et les eaux sans l'azur qui en est la joie visible, Carrière ose cette simplification. Il peint la nature avec la lumière et ses gradations, il s'attache aux valeurs, à la forme, à ce qu'elle a de décoratif et d'expressif, et la surprise que causent d'abord ces synthèses hardies souvent s'achève en une révélation inattendue de la beauté des choses. Van Goyen, le peintre délicat du ciel et des eaux de la Hollande, a laissé quelques études au brun, des préparations peut-être, qu'il n'a pas cru pouvoir dépasser. Le musée du Louvre a un rare tableau où la couleur indiquée des eaux se marie très heureùsement aux bruns de la colline basse qui suit la rive du large fleuve. Parce qu'il est fait de la poésie de la lumière, le paysage de Corot reproduit par la gravure ou la photographie garde une grande partie de son charme pour l'œil et l'esprit.

Carrière a su évoquer dans la lande bretonne les arbres tordus par le vent de mer, — surtout, dans les Pyrénées, la montagne, avec ses masses solides, ses constructions cyclopéennes, — résumer quelques aspects de la nature en images expressives. Parfois aussi l'interprétation trop hardie répond à des sentiments trop personnels ; l'évocation voulue ne se reconstitue plus dans l'esprit en une image distincte et concrète. Il a peint des nocturnes curieux, dans les brumes parisiennes d'un crépuscule d'hiver : des formes devinées, quelques lumières, une voiture entrevue, l'apparition d'un cheval blanc ; il aime la vision de Paris, tel qu'il l'a souvent observé de la petite terrasse de son ami Dolent à Belleville, prolongé jusqu'à l'horizon, perdu dans les nuées qui le couvrent, dans les fumées qui montent et d'où sortent, comme autant de pensées solitaires et durables, les monuments qui dépassent la foule grouillante des maisons anonymes.

C'est cette vision de Paris qu'il a choisie pour sa décoration de la Sorbonne. La ville géante s'étend, se prolonge ; les toits se suivent, se pres-

sent comme des vagues sans fin ; çà et là, rochers
de cet océan, émergent dans l'ombre les dômes,
les clochers, quelque masse puissante dont la
forme n'est pas abolie par l'espace ; un nuage
fait de vapeurs, de fumées, de la respiration des
hommes traîne sur cette mer de pierres mou-
vantes que la lueur pâle d'une aurore, qui s'ouvre
un chemin dans le ciel orageux, colore d'une clarté
blêmissante. A gauche, deux femmes dominent la
vision redoutable : la plus âgée est assise, elle
plie sous la grande lassitude d'avoir vécu ; c'est
en elle-même qu'elle voit la grande ville dont
elle détourne la tête, sa rêverie évoque l'image
des tempêtes subies et ses souvenirs s'avivent
de la douleur des blessures reçues : mais près
d'elle, debout, soulevée, grandie par le désir et
l'espérance, se dresse la Jeunesse ; dans un geste
d'extase, elle porte les mains à sa tête et regarde ;
sa contemplation est l'ivresse de vivre, l'impa-
tience de savoir et d'agir, et le corps tendu, les
bras levés comme des ailes prêtes à l'essor, elle
se livre à l'élan qui va l'emporter et l'abattre
dans la fascination de la fournaise.

*
* *

En étudiant l'œuvre d'Eugène Carrière, j'ai voulu
montrer comment elle tient à son esprit, à sa

manière propre d'éprouver la nature et la vie, et
comment aussi elle rentre dans la tradition, comment elle respecte la logique du langage pittoresque, si elle en trouve des applications nouvelles.
J'ai conté la vie de Carrière, elle méritait de
l'être : l'homme chez lui ne se sépare pas de
l'artiste. En prenant l'initiative de sa destinée, il
a été dans la voie où le portait sa nature, mais
il a appliqué sa réflexion à son instinct et il n'a
rien laissé de lui-même qu'il n'ait achevé par la
volonté. Il a fait sa tâche en bon ouvrier : son
indépendance n'est que sa subordination à l'idéal
supérieur auquel il s'est dévoué.

Quelques-uns s'imaginent qu'il peint autrement
qu'il ne voit, qu'il se plaît à étonner par une sin-
gularité voulue, qu'il se déguise pour être remarqué. Ils ignorent que le mensonge est stérile, qu'il
est la négation de la vie. Il faut être ému pour émouvoir, l'art est sincérité. Fait d'observation, de
logique, de sentiment, le métier de Carrière n'est
que son esprit dans son langage. Ses procédés ne
s'entendent que par les lois de son imagination et
de sa sensibilité. Mais la vraie originalité n'est pas
le vain orgueil d'être « différent », la fantaisie sans
règles qui isole l'individu des autres hommes : elle
est le privilège d'éprouver dans leur fraîcheur, de
renouveler par une sorte d'ingénuité les sentiments
éternels. Quiconque descend assez profondément en

lui-même y retrouve l'intelligence et le cœur de
l'humanité. Le grand artiste nous apprend quelque
chose de nous-mêmes, il ne nous donne que ce que
nous possédions sans le savoir, que ce qu'il dépen-
dait de nous d'acquérir. L'art de Carrière vaut par
des qualités qui sont de tous les temps, il vaut par
le sentiment et la raison, par l'arabesque émouvante
du dessin, par le modelé des formes, par la construction des groupes, par le sens délicat des valeurs,
par leur combinaison en harmonies expressives,
par l'unité de l'œuvre vivante dont toutes les parties
s'appellent et conspirent. « Les choses sont toujours belles par les mêmes raisons ».

Quelques-uns, sans doute, refuseront de se laisser
convaincre ; ils s'obstineront à demander ce qui ne
leur est pas donné, ils regretteront la joie des tons,
la variété des couleurs ; ils remarqueront que le
peintre renonce de plus en plus à la belle matière,
à la pâte lumineuse qu'il aimait à ses débuts ; ils
trouveront ce langage triste, abstrait ; ils objecte-
ront à l'artiste qu'il laisse trop à interpréter, à
deviner, que ce n'est pas à l'imagination du spectateur de finir ses tableaux, que, sous prétexte de
rendre le mouvement et comme la fluidité de la
vie, il n'arrête pas toujours la forme dans des
limites assez précises, qu'il indique parfois sa
pensée quand il devrait l'affirmer. Les hommes qui
cherchent avec bonne foi sont exposés à se trom-

per ; il faut quelques siècles pour que toutes les œuvres d'un artiste deviennent des chefs-d'œuvre : mais à ces critiques générales, toutes négatives, Carrière a répondu, comme il convient ; il a rassuré ceux qui pouvaient l'être par des œuvres qui le justifient. Son désintéressement, sa sincérité, sa résolution entêtée d'aller sans précipitation jusqu'au terme de ce qu'il peut faire rendent les conseils superflus : laissons-le poursuivre son travail avec la confiance qu'il a mérité de nous inspirer.

TABLE DES GRAVURES

Frontispice : *Portrait d'Eugène Carrière,*
d'après une toile du peintre.

Avant-Propos.

Pages

En-tête : *Maternité,* tirage en bistre 1
Cul-de-lampe : *Mains d'enfant,* tirage en sanguine . . . 3

Chapitre I

Fragment de décoration pour la mairie du XIIe arrondissement, tirage en sanguine 14

Chapitre II

Scène maternelle, tirage en sanguine 28

Chapitre III

Étude de fillette, tirage en sanguine. 14

Chapitre IV

Page d'album, tirage en sanguine 53

Chapitre V

Amour maternel, tirage en sanguine 65

Chapitre VI

Têtes d'enfants, tirage en sanguine 75

Chapitre VII

Mains maternelles, tirage en sanguine 87

Chapitre VIII

Gestes et attitudes de femmes, tirage en sanguine 97

EUGÈNE CARRIÈRE, par Gabriel Séailles, a été achevé d'imprimer le 30 Mai 1901, au nombre de six cent trente exemplaires — dont trente sur chine — par la Société Typographique de Châteaudun, pour les Éditions d'art Édouard Pelletan.

Les compositions d'Eugène Carrière ont été gravées par Mathieu.

GABRIEL SÉAILLES

Eugène Carrière

L'HOMME ET L'ARTISTE

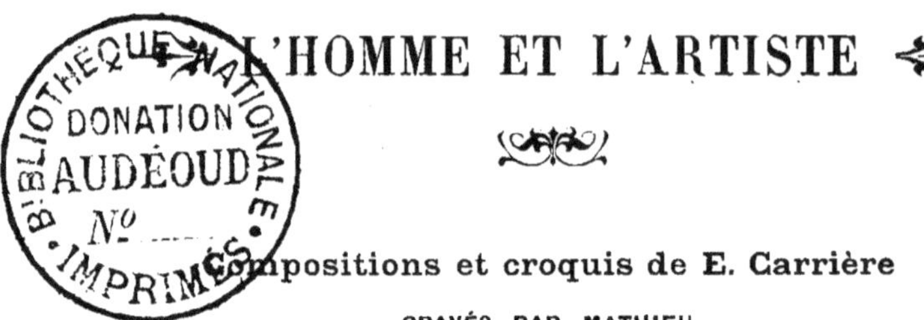

Compositions et croquis de E. Carrière

GRAVÉS PAR MATHIEU

PARIS

ÉDOUARD PELLETAN, ÉDITEUR

125, Boulevard Saint-Germain, 125

—

1901

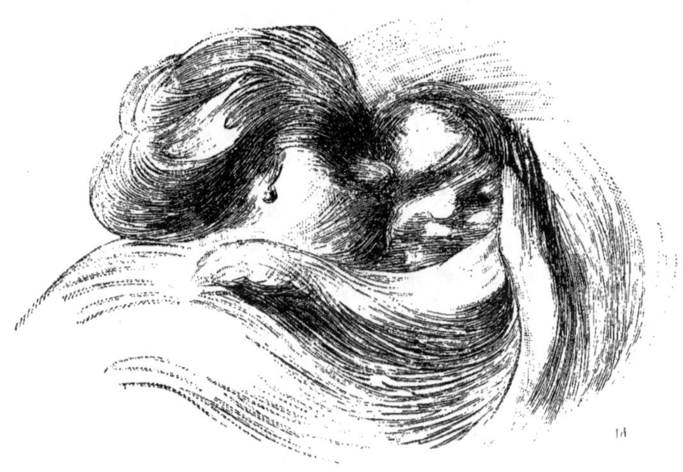

GABRIEL SÉAILLES

———

EUGÈNE CARRIÈRE

L'HOMME ET L'ARTISTE

★

Compositions et croquis D'Eugène Carrière
Gravés par Mathieu

Un volume in-8 cavalier, sur beau papier, tiré en noir, bistre
et sanguine. . . . . 4 fr. 50

Il a été tiré 30 exemplaires sur chine fort, avec tirage à part
de toutes les gravures, sur Japon ancien, au prix net
de . . . . 35 fr.